跟著相同類型的東大生，
學習如何控制情緒、脫離壞心情！

好人≠耗人

從**內耗中抽身**的東大情緒整理

東大CARPE DIEM——著　西岡壹誠——監修

楓葉社

前言

大家的人生中有多少「煩惱時間」呢？

比方說，應該會有人在睡前模模糊糊地思考「我接下來的人生會怎麼樣」吧。應該也有人會在坐電車的時候煩惱「今天的工作狀況還好嗎」，導致坐車的這段時間沒辦法做任何事吧。

搞不好還有人想著想著，就連身體都出狀況，蹲在廁所出不來。

假設這些「煩惱時間」是「一天兩小時」，我們「一年就有七百三十小時」，也就是約三十天都在煩惱中度過。

一年之中就有一個月的時間在「煩惱」中度過。

我們也同樣是「煩惱很多」的人類。東大CARPE DIEM這個集團裡，都是克服了偏差值低、身邊完全沒有其他東大考生等困難狀況，成功考上東大的「逆轉上榜東大生」。

由於我們都是在逆境之下朝著極高的目標努力，熬過痛苦時期考上東大的人，所以大家都花了很多時間煩惱。

本書是「煩惱經驗比一般人加倍多的東大生們」整理出的「如何減少煩惱時間」之方法。

可能有人會覺得：「東大生應該沒什麼事情好煩惱的吧？」但並非如此。我們也有心靈受挫、徹夜未眠的時候。

不過這種時候，東大生會用「科學的方法」來解決。

「沒有幹勁」的時候，該想的不是「如何提起幹勁」，而是利用心理學和腦科學，思考「有沒有讓人更容易提起幹勁的科學方法」、「如何打造環境和機制」。

如此一來，就能用科學方式解決「煩惱」。因為很科學，所以肯定每個人都能用，參考這些方法，我想應該能幫助你減少煩惱的時間。

本書會將人的性格分成四大類型，並依據類型介紹解決煩惱的訣竅。

「與自己類型相同的東大生們，是如何解決這種煩惱的呢？」

我們會以此為基礎，為各位提供解決方式。

在撰寫本書時，我得到許多東大生的協助。填寫問卷、採訪等等，提供協助的東大生最終超過了四十人，大家都分享了自己處理煩惱的方法。

此外，傳授如何提升動力、消除不安的東大畢業生YouTube頻道，約擁有十三萬訂閱者（二〇二二年十二月時）的學習法設計師——MIORI小姐也提供了協助。

MIORI小姐運用自己的社會經驗，幫我們構思了應對煩惱方式的回答，請各位務必參考看看。

如果各位能夠透過這本書，減輕一些煩惱，縮短一點煩惱的時間，我將感到非常榮幸！

西岡壹誠

目錄

第2章 驅散無可救藥的不安和襲上心頭的孤獨感

第3章

趕走因為與人比較而產生的自卑感和不自信感

第4章

消除停不下來的煩躁和湧上心頭的怒氣

第5章

面對倦怠和提不起勁的狀況

第6章

不要一直糾結過去的事情，被後悔的情緒掌控

帰宅

第1章

了解自己是什麼樣的人，是解決煩惱的最強捷徑

大家是否真的了解自己是什麼樣的人呢？自己認為的自己，與別人眼中的自己是一樣的嗎？我想應該沒有人會是完全一樣的。換句話說，就是連自己都沒辦法百分之百了解自己。為了找出適合自己的解決煩惱對策，先來認識自己吧。

在開始煩惱之前……該做的是自我分析！
掌握自己的特質，減少煩惱時間

各位有多了解自己呢？

俗話說「自己最了解自己」，但真的是這樣嗎？大家應該也經歷過，腦中浮現自己也沒辦法好好說明的想法，「自己也不知道為什麼會做出那種事」的狀況吧。

我也是如此。覺得自己的事情自己最清楚，但也有些事情是在別人跟我說了之後，我才知道「啊，自己可能是這樣沒錯」，加深了對自己的理解。

因此，我認為聰明的人就是了解自己的人。東大生對於自己的弱點有著驚人的自我認知。他們經常對別人說「自己有這樣的缺點，所以希望在這方面得到幫助」。

各位可能會覺得：「聰明的人應該沒有弱點吧？」其實出乎意料地並非如此。他們跟普通人一樣有著各式各樣的弱點，比如早上起不了床或容易半途而廢。

不過，正因為他們理解自己的弱點，才知道如何處理這些弱點。早上起不來，可以拜託別人叫自己起床；若是經常半途而廢，可以找個夥伴一起努力，或是定期安排一個轉換心情的時間。只要了解弱點，就可以想出解決這些弱點的方法。

然而，要是自己沒有認知到弱點，就無計可施了。認為自己早上一向能夠順利起床的人，當然不會想到要拜託別人叫自己起床。不夠了解自己，就不會認知到自己的弱點。這種狀況相當常見。

因此，大家第一步該做的事，就是了解自己。本書把大家的思考模式分為四個類型。下一頁準備了十個問題，請大家回答這些問題，確認自己屬於哪個類型！

了解真正的自己！

分類診斷

請大家用YES或NO回答以下10個問題。
每個問題都有□和△軸，請計算出□的合計分數和△的合計分數。假設Q1是YES，Q2是NO，Q3是YES，Q4是YES，目前□的分數就是3＋2＝5，△則是－3＋2＝－1。請依照此步驟計算10個問題的□和△合計分數。

Q1

與其因為沒做而後悔，不如做了之後後悔。

YES … □ +3
NO … □ −3

Q2

希望自己能以別人為優先，而不是以自己為優先。

YES … △ +3
NO … △ −3

Q3

去餐廳時，通常會選擇沒點過的菜色。

YES … □ +2
NO … □ −2

Q4

比起一個人獨處，你更常和別人待在一起。

YES … △ +2
NO … △ −2

Q5

喜歡雨天多過晴天。

YES … □ −3　△ +2
NO … □ +3　△ −2

Q6 遇到問題時，通常會覺得「是自己的錯」。

YES … △ +3
NO … △ −3

Q7 常常注意到別人的錯誤，想到別人的缺點。

YES … □ +2　△ −3
NO … □ −2　△ +3

Q8 有煩惱時，你很少會去找人談談自己的煩惱，習慣自己獨自思索。

YES … □ −3　△ +2
NO … □ +3　△ −2

Q9 你是會說「喜歡自己」的人。

YES … □ +2　△ −3
NO … □ −2　△ +3

Q10 不是早鳥，是夜貓。

YES … □ −3　△ +2
NO … □ +3　△ −2

＼算出合計分數後確認結果！／

※分數若為0，則視為正。

□分數為正 ×	△分數為正 =	A 型
□分數為負 ×	△分數為正 =	B 型
□分數為正 ×	△分數為負 =	C 型
□分數為負 ×	△分數為負 =	D 型

△軸

認為都是自己責任的「自責」型，認為都是別人不好的「他責」型各有各的優勢與弱點，「自責」型並沒有比較優秀

既然大家都知道自己屬於哪個類型了，這裡就來解說分類診斷中的□和△軸分別代表什麼。△軸是用來區分自責思考還是他責思考的。

自責思考與他責思考的意思是，當你遭遇失敗的時候，會認為是「自己的責任」還是「別人的責任」。覺得是自己的責任的人，會想要自己解決問題而四處奔走；反之，認為是別人的責任的人，通常會想和別人一起思考解決對策而去找人商量。

提到「有責任感」的時候，應該很多人都會想到「自責」思考吧。發生問題時會認為「是自己的錯」的人，以及事情不順利時會認為自己有責任，而不會怪罪別人的人，就是有責任感的人，對吧？傾向自責的人認為一切都是自己的責任，所以會主動設法解決問題，可以說是具有領導特質的人。

反之，大家對「他責」一詞大概沒什麼好印象。這種人給人的印象是不會控制情緒，比如說發生問題時怪罪別人，或很在意別人的看法。因此基本上，大部分的人應該都很憧憬自責思考的人，認為自責思考比較好。

即使如此，絕對沒有自責思考的人一定比較好這種事。具有責任感的人有時反而會過度認為一切都是「自己的錯」，導致事情進展不順利。他們可能變得情緒化，或是心情愈來愈低落……內心的負面思考愈來愈嚴重，逐漸無法依賴別人，這種情況相當常見。

另一方面，他責思考的特質是懂得與別人分享資訊，較容易解決問題。兩種類型都有好有壞，並沒有哪一方比較好。

■軸

屬於樂觀看待事情的積極型？還是悲觀看待一切的消極型？最重要的是哪一個類型更能分析並處理自己的弱點

□軸是用來分辨你是積極型還是消極型的。

假設你有一項工作要在十天內完成，在距離截止日還有五天的時候，你會覺得「還有一半的時間，不用擔心」？還是「只剩一半的時間，糟糕了」？

積極型的人會覺得「還有一半！」，而消極型的人會覺得「只剩一半！」。明明距離截止日的天數相同，兩種類型的反應卻截然不同。

這並不代表其中一個類型比較好。想法樂觀的人有時候會得意忘形，無法控制自己的情緒。因此他們會想著「時間還不急」，一直摸魚到截止日前，招致失敗。

相對來說，想法悲觀的人有時候則會陷入惡性循環，無法控制情緒。因此他們會覺得「沒救了」，在截止日來臨前就精神崩潰，招致失敗。

還有一件事。我問東大的朋友「為什麼要讀東大？」，大部分的人都會給出「因為東大是日本的第一學府」或「因為我想試試看」這種帶有積極動機的答案。

然而，當我詢問「堅持準備東大入學考的動機」時，得到的答案卻完全相反。「因為不想輸給那個人」、「因為不想再被霸凌」、「因為不想繼續待在鄉下」這種消極動機變多了。

考上東大的人都不是純粹的積極型或純粹的消極型，而是同時具備「積極」的「想……」以及「消極」的「不想……」兩種動機的人。

因此，積極型的人必須思考如何變得消極，而消極型的人必須思考如何變得積極。大家只要能確實做到這一點，也就是成為能夠好好面對並處理自己弱點的人，就能成為強者。

請依照這個判斷軸，看看自己類型的介紹。如此一來，也許就能慢慢找到自己的弱點和應該改善的部分。

積極 × 自責

A型

正是因為心態積極又抱有崇高的理想，才會經常為了現實與理想的差距而煩惱

此類型的人通常心態積極且抱有崇高的理想。有時候會因為自己與理想目標之間有差距，而在不知不覺中感到痛苦。

他們心態積極，因此經常自己做決定、勇於挑戰各種事物，但是當他們試圖做些什麼而造成問題時，通常會先入為主地認為「會發生這種事都是自己害的」，因此無法找人商量。各位是不是也有深藏於心、無法向人傾訴的煩惱呢？

此類型的人內心經常陷入惡性循環，明明是積極型，卻意外地容易感到憂鬱。有時候甚至會難受到失眠。

遇到這種情況時，建議各位確實認知自己的這種性格，不要凡事都獨自面對，要學著依賴別人，並放下過於崇高的理想。

消極 × 自責

B型

負面思考，又愛一個人鑽牛角尖，容易陷入惡性循環

此類型的人有時候會在內心陷入惡性循環，並為此所苦。因為心態消極的關係，他們習慣用悲觀的角度看待事情，再加上愛鑽牛角尖，所以他們常常感到煩惱。

此類型的人也很愛與別人比較，為了「自己不如人，該怎麼辦」而煩惱。

此外，在團隊的共同行動遭遇失敗時，經常覺得「都是自己的錯！」，對周遭的人感到抱歉的情緒過度強烈，也這種性格的人身上常見的特徵。各位是否也曾經想過「應該是自己害那時候的那件事沒能順利進行」，並因此後悔不已呢？

此類型的人除了要對自己這種容易消沉的性格有所自覺，最好也要學習依賴別人，還有，儘管有點勉強，還是要養成正面思考的習慣。

積極 × 他責

C型

理想崇高，嚴以律己且嚴以律人，容易感到痛苦

此類型的人容易陷入煩惱的程度僅次於B型。他們心態積極又擁有崇高的理想，當別人的幹勁沒有達到這個程度時，就會陷入他責思考，覺得無法容忍。應該有很多人都有過「只有自己在努力」、「別人完全不幫忙，自己一個人做這麼多，真是不公平」的想法吧？

有時候會因為無法體諒別人，導致與周遭的人關係不融洽。而他們又無法用言語表達這些想法，也沒辦法對別人傾訴，於是在不知不覺中變得痛苦。

建議此類型的人不要對別人抱有太高的期待，並找出與人和睦相處的方法！

消極×他責

D型

對環境和別人抱持負面想法，容易為了現實與自身期望的差距而煩惱

此類型的人經常對環境抱持悲觀的想法。各位是否曾在想要開始一件事的時候，心想「在這種環境下應該很難辦到」而放棄挑戰呢？

比如說，「不知道父母會說些什麼，所以不想做」或「雖然想嘗試，但不知道周遭的人會說些什麼」，應該有很多人曾經因為在意別人的看法而放棄某件事吧。

此外，由於他們屬於他責型，可能會無法容忍別人的不足，與周遭的人關係不融洽。此類型的人也很容易看到別人的缺點，發現後他們通常會心想「這一點真糟糕」，同時又會糾結地想著「不行，我不能這麼想，可是又無法克制自己不這麼想」。

建議此類型的人訓練自己正面看待周遭的環境，不要光關注別人的缺點，也要想想他們的優點，學會與環境妥協。

第2章

驅散無可救藥的不安和襲上心頭的孤獨感

家庭、工作、人際關係方面的各種不安，
總會在睡前湧上心頭，
想著「自己會不會就此孤老終身呢？」
感到莫名的孤獨……你有過這種經歷嗎？
你或許以為「這種情緒可能只有自己有」，
但是不用擔心。
東大生也抱持著同樣的煩惱。
接下來將會介紹消除不安與孤獨感的方法。

只要有一點掛心的事情，晚上睡前就無法停止思考

例如這種情況……

煩惱父母的老後照顧或家人關係，睡前總是會感到不安。

傳LINE給朋友，對方卻一整天都沒回覆，腦中一直產生「自己是不是被討厭了？」這種負面想法。

明明不是自己的責任，別人卻硬是把責任推給自己。周遭的人好像也都認為是自己的錯。

東大控制術

不可小看睡眠與早上起床的時間！說正面的話語，靠言靈之力調整心態

充足的睡眠和規律的生活會使人的內心變得積極正面。意外地有很多人都小看了這一點，所以先重新審視自己吧。然後借助言靈之力，用積極的話語讓自己變得正面。

- A型　靠睡眠把現在進行式變成過去式
- B型　把一切歸咎於夜晚的黑暗
- C型　利用陽光，讓身體分泌血清素
- D型　針對每一件事情提出積極的建議

A型

感到沮喪或苦惱的時候就先去睡覺，把所有煩惱的來源都變成過去的事

煩惱時間是人生中相當浪費的時間。要是可以沒有煩惱地活下去就好了，大家應該經常這麼想吧。這時候我最推薦的事情，就是「睡覺」。

人生的煩惱無窮無盡，而解決這個問題最單純的方法就是睡覺。總之先去睡覺。只要睡覺就好，睡到你開始覺得「我可以睡這麼久嗎？」為止。

在大多數情況下，會感到壓力與不安都是因為睡眠不足。美國NASA的研究資料顯示，只要小睡26分鐘，工作效率就會提升34％，注意力也會提升54％。

如果睡眠時間太少，不僅注意力會渙散，做事效率也會非常差。

儘管如此，還要在精神不濟的狀態下讀書或工作，豈不是太沒道理？

此外，睡眠是會累積的。假設白天睡了兩小時，當天就可以活動到很晚，對吧？

換言之，睡兩小時的午覺並不是在浪費時間。

反倒可以說是為了有效率地讀書或工作做準備的時間。所以不用有罪惡感。

睡眠還有另一個重大意義。

那就是睡覺可以把所有事情都變成「過去」。

無論多麼痛苦，只要它是過去的事，就不會與現在的自己接壤。先斬斷自己的痛苦想法或負面思考，變成全新的自己。也就是能夠轉換心情，重新振作。

反之，讓痛苦的狀態持續好幾個小時是不好的。最好先斬斷那種不好的感覺，成為全新的自己。

莫名其妙感到痛苦的時候，就先去睡覺。睡覺，然後讓一切成為過去。這就是我推薦的方法。

我在備考時期也曾有過不斷遭遇失敗、覺得「我不行了」的時候，這種時候我會放空腦袋，先去睡覺。睡覺，起床，心想：「咦？已經早上了嗎？」然而卻是深夜，不過在這個深夜時段醒來後，剛才那種「我不行了」的感覺就已經成了過去，我曾有過一段這樣努力的經驗。

我想應該也有人有「淺眠」、「難以入眠」的狀況，這樣的人可能是睡眠方式不佳。

看手機看到很晚、房間一直亮著燈……這樣的熬夜生活會讓人的睡眠品質惡化。要是持續熬夜，會打亂生理時鐘，導致連續好幾天失眠，或是因為睡眠不足而變得難

以正面思考。

還有一個這樣的研究結果。加拿大英屬哥倫比亞大學的研究團隊針對一千九百八十二名三十三～八十四歲的成年男女，調查其睡眠時間會對白天的行動造成什麼樣的影響，**發現睡眠時間較短，面對壓力的反應就會較為強烈，且正面情緒會大幅流失**。反之，擁有充足睡眠的受試者似乎會對正面事件產生更好的反應，而非負面事件。

此外，也有淺眠的東大生會採用在白天竭盡全力，讓自己晚上無法思考任何事情的方式，來解決淺眠的問題。他會在早上去慢跑，在讀書的空檔做肌力訓練，總之就是在白天拚命運動。據說如此一來，運動造成的身體疲勞以及讀書造成的腦部疲勞，就會讓他晚上倒頭就睡。各位可能會覺得，讓自己在晚上入睡這件事很單純，但光是這麼做，就可以一口氣解決問題。這個方法還可以幫助你重新檢視生活習慣，請務必試試。

B型

現在自己會這麼苦惱，不是因為事態多麼嚴重，「只是因為現在是晚上」

有很多東大生都為了「一旦在意起一件事，就沒辦法不去想它」而感到煩惱。一部分原因可能是東大生善於思考，不過也有些人本身的個性就是會不斷在同一件事上糾結。

這種時候，即使心裡想著：「不能這樣下去，得想點別的才行……」試圖將意識轉移到其他事情上，結果還是會在不知不覺間，又想回原本的事情。

這種煩惱其實有一個共通點，就是都發生在晚上。

大家有過早上正面思考、晚上負面思考的經驗嗎？

B型的MIORI小姐表示，自從知道「晚上根本不是適合思考事情的時間」之後，她就能夠理智思考了。換句話說，就是當睡前頭腦無法停止思考的時候，「把一切歸咎於夜晚」。

感冒發高燒的時候，不是會感到頭昏腦脹，失去思考能力嗎？沒有人會在這時候認為「是自己頭腦不好所以才沒有思考能力」，應該只會單純地認為「因為在發燒所以頭腦轉不動」。

同理，我會認為：「現在我會這麼苦惱，並不是因為事態多麼嚴重，也不是自己沒有能力，只是因為現在是晚上！」在晚上想事情，基本上都想不出什麼好結果，如果可以像這樣理智思考，心情就會稍微輕鬆一點。

此外，也有一名東大生表示：「當晚上腦中浮現負面想法和沉重的煩惱時，我會先暫時擱置，去睡覺。如果到了早上我還在為了它煩惱，就表示它很重要，這時候我才會開始認真思考這件事。」言下之意就是，晚上浮現於腦海的負面思考，究竟是因為夜晚使我們把事情往負面想，或者它是真的必須好好思考的重要事情，我們當下無法判斷，因此可透過隔天早上是否仍在為此煩惱來測試。

當然，能像這樣調整心情入睡的話是最好的，若是做不到，也可以暫且放棄睡覺，做點事情來逃避現實。這時候最好看看電影或看看書。電影的話，建議看那種非常無厘頭、搞笑的電影。各位看過《罪後大丈夫》系列電影嗎？

「宿醉的隔天起床後，一切天翻地覆！醒來之後，其中一個朋友不知道為什麼變成光頭，另一個人臉上多了個刺青……可是他們完全想不起來自己昨天晚上做了些什麼!?」它講述的是這樣一個故事。不僅好笑，還會讓人有點期待明天，想著：「如果明天早上起床後，一切天翻地覆的話該怎麼辦!?」

除此之外，講述脫離現實的故事的奇幻電影也不錯。比方說《哈利波特》系列或《魔戒》系列。

另外，儘管不屬於奇幻題材，「規模大到沒什麼現實感」的電影也不錯。例如《007》或《金牌特務》系列這種間諜電影。動畫電影則推薦類似《魯邦三世VS名偵探柯南THE MOVIE》這種的。有誇張的爆炸場面，冷靜想想就會覺得這種劇情根本不可能發生，這種作品或許反倒能幫助我們忘掉夜晚的寧靜。

如果可以藉此度過容易使人鬱悶的夜晚，下一個早晨應該就能重振精神，沐浴在晨間的陽光下了吧？

C型

不管幾點就寢，早上一定要在固定的時間起床，讓身體分泌血清素，保持清醒狀態

在B型的回答中已經提過，有時候晚上思緒會停不下來，什麼事都做不好。因為夜晚的黑暗會讓人心情消沉。因此要換個方向想，「珍惜早上的時間」是很重要的。

先問一個問題，大家平常都是幾點起床呢？會睡到很晚嗎？

起床後先沐浴早晨的陽光是很重要的一件事，但是太晚起床的話，就沒辦法沐浴早晨陽光了。此外，早早起床卻把窗簾完全拉上，像蝙蝠一樣一直待在陰暗的房間裡也是不行的。

我想大家都有過在情緒低落時，把房間也弄得很陰暗的經歷。但是科學已經證明，沐浴在陽光下可以讓問題得到解決。其實人類在沐浴陽光後，腦中會分泌一種叫做血清素的物質。目前已經得知分泌血清素，能幫助我們保持清醒，提振心情。

因此，沐浴陽光對於維持心理狀態來說是非常重要的。

除此之外，早上好好吃早餐也很重要。有沒有吃早餐，會影響到當天體溫上升的方式。吃早餐能喚醒沉睡的身體，讓內臟開始運作，體溫上升，代謝也會提升。而腦的能量來源是葡萄糖。不吃早餐就等於是切斷了這個能量來源。導致我們頭腦轉不過來，無法保持專注，情緒消沉。因此，讓我們一起好好吃早餐吧。

無論備考時間多緊迫，很多東大生都會好好吃完早餐再去上學。也有人的家庭規則是「早餐要和家人一起吃」。

我記得自己也是如此，即使說了「我今天什麼都吃不下」，也會因為母親要我

「至少喝碗湯再走」而喝湯。當時我覺得很煩，但是現在回想起來就覺得非常感激。

有很多東大生就算在考試前夕，也不會熬夜，維持著早起的生活。反過來說，當你有了固定的生活節奏，而這個循環亂掉的時候，事情就有可能會不順利。

無論是在什麼時候，請各位務必珍惜早上的時間！如此一來，肯定會改變很多事情！

D型

一次想出所有想得到的解決方法，對每一件事情說正面的話語

此類型的人是不是曾經一躺上床，腦中就浮現一整天遇到的各種事情，開始反省並感到後悔呢？有不少此類型的東大生不僅會產生具體的反省和後悔，還會被愧疚感和莫名的不安淹沒，導致失眠。應該有很多人對此很有共鳴吧？這種時候，在有點事情掛心的狀態下，硬是告訴自己「必須睡覺才行……」，也只會加劇內心的不安與擔憂，讓自己更睡不著。

遇到這種情況，東大生會怎麼做呢？就是「一次想出所有想得到的解決方法，對

每一件事情說正面的話語」。具體來說，就是想著自己在意的事「因為○○，所以我不小心做了○○的選擇」、「現在的我很擔心○○」，並一一梳理狀況。

接著，針對每一個狀況說一句對未來有幫助的話，比如說「那從明天起這樣做吧」、「以後要更重視這個想法」等等。

如此一來，無限延伸的反省和後悔情緒就會慢慢變得具體，漸漸地，你就能告訴自己「一定沒問題」了。

我們無法改變過去，但只要把這次的教訓和反省整理成可用的經驗並化為言語，心中就會平靜下來，哪怕只有一點點，也能讓自己開始積極向前看。

每當內心出現反省、後悔、羞恥的情緒時，就試試看這個方法吧。躺在床上盡情思考，當你把想法釐清，心情平靜下來後，就會慢慢睡得著了。

而言靈是真實存在的。言語可以為某種東西賦予輪廓，而且使用愈多正面的言語，自己心中也會產生愈多積極向前的動力。

還有資料顯示，說出正面的話語後，精神也會跟著變得正面，且能夠把正面的事物吸引過來，這種現象稱為「促發效應（priming effect）」。

根據紐約大學的研究，說出負面話語時，行為通常會變得粗魯野蠻，或是做出會讓對方留下不良印象的事；而使用正面的話語時，較多的人會變得有禮貌、採取為對方著想的行動。

要把如海底般黑暗的負面煩惱拉往正面方向，言語的力量是關鍵。請各位務必一試！

在工作和日常生活中找不到意義和樂趣，看不到活下去的希望。有時候會莫名地擔心未來

例如這種情況……

自己還是單身，對工作也不太滿意，卻要聽擁有幸福婚姻和小孩的朋友分享生活。

覺得繼續從事這份工作沒有價值和樂趣，也無法期待未來發展。

為了賺錢，平時都在做自己不喜歡的工作。由於沒什麼個人興趣，週末也沒有安排，過著家裡和公司兩點一線的日子。

東大控制術

無須單靠自己的力量調適心情，手帳本、筆記本、漫畫……靠「紙」的力量轉換好心情

有時候光靠自己的力量是無法控制心情的。這種時候，就借助手帳本、筆記本、漫畫、有歷史典故的話語、名作的話語之力，來舒展緊繃的表情。

A型 用物理方式打造不會煩惱的環境

B型 召開自我會議

C型 找出能夠讓自己堅強起來的話語

D型 擺出笑臉

A型

以分鐘為單位把行程排滿，讓自己沒時間想任何事情，用物理方式消除煩惱的時間

模糊不清的煩惱非常麻煩。因為模糊不清，沒辦法化為具體的言語，所以有時候會找不到應對方法。

換言之，它就像是「無法醫治的疾病」。沒辦法徹底斬草除根，大多數時候我們無法順利解決它。

遇到這種情況，只能用「止痛藥」來處理。我們必須用止痛藥來應付這種疾病，直到不安消失為止。

舉例來說，有的東大生會採用安排緊湊的行程，讓自己沒時間想任何事情的方法。拿出手帳本，盡可能把行程排滿。就算只有一點空閒時間，也要安排「讀書」或「回覆電子郵件」等事項，把「哪個時間該做什麼事」全部都先安排好。如此一來，就能以物理方式消除「煩惱時間」。

舉個東大生的實際案例，

「早餐時間　去○○咖啡廳吃」

「讀書時間　讀○○小說」

他會像這樣安排具體的行程。更有趣的是，還有人會連那個時段要思考什麼內容都安排清楚，比如「洗澡時間　思考明天的行程安排」。確實，只安排「洗澡」的話，煩惱可能會在那個時候湧上心頭。連思考內容都事先安排好應該會很有效。

找出自己容易煩惱的時間，在那段時間安排行程也不失為一個好方法。若是覺得

「晚上容易煩惱」，可以考慮「在晚上會煩惱的時間盡量安排跟人開會的行程」。

另外，也可以減少獨處的時間。你可能會覺得很煩，但還是要排滿與朋友、公司同事、家人相處的行程，減少獨處時間。用物理方式約束自己，讓自己感覺不到孤獨。

有些人可能會想：「這麼做不會覺得很累嗎？」累就累吧。只要讓自己忙到沒有時間煩惱就好。這就是「靠止痛藥撐過去」的方法。

請撐過這段時間，讓時間來解決問題。

B型

列舉出現在感到的不滿與不安，召開「自我會議」，分析因果關係

我推薦B型人採取「治療藥」的方法，好好找出問題的解決之道。

工作的時候或是和朋友聊天的時候，經常聽到有人覺得自己一直在原地踏步，對將來感到莫名不安。遇到這種情況，MIORI小姐經常採用的方法就是「自我會議」。也就是在內心開會，找出問題的解決之道。

自我會議沒有規則。要什麼時候、在哪裡開都沒問題，無須任何特別的手續或使用任何花錢的東西。

需要的東西只有素面筆記本和自動鉛筆（因為可能會擦掉重寫，所以不建議使用原子筆或鋼筆）。

接著就來說明我們要透過怎麼樣的程序來解決問題。

首先，要用自動鉛筆在完全空白的筆記本頁面上，寫下下列文字。

・現在自己對什麼事情感到不滿？正在為什麼事情心煩？
・為什麼會變成這樣？
・理想狀態是什麼樣子？

接著將浮現於腦海中的各項因素，以條列式如實列舉出來。

例如：

・現在自己對什麼事情感到不滿？正在為什麼事情心煩？

↓

①無法從工作中獲得成就感，令我感到不滿。

②沒有可以一起玩的朋友，令我感到煩悶。

③因為沒錢所以沒辦法投入興趣的現狀，令我感到煩悶。

④現在的工作薪水少，將來也沒有調薪的希望，令我感到煩悶。

覺得能寫的都寫完了之後，就開始進行分組並尋找因果關係。換言之，就是分析「為什麼會變成這樣」。

我們可以整理出，①和④是工作相關問題，②是私生活問題，③雖然也是私生活問題，但是根本原因在於④。

光是像這樣整理好之後，心情就會舒暢許多。在大多數情況下，煩惱通常都是

「內容模糊不清，因為不知道自己是為什麼煩惱所以才覺得煩惱」這種模式。

聽起來很荒謬，不過我以前曾針對100名考生做過「你正在為了讀書的事情煩惱嗎？」的問卷調查，其中有91人回答「是」。但是問這些人「是為了什麼事而煩惱？請明確說出來」，卻只有30個人給出明確的答案，「總覺得成績沒什麼起色」這種模糊的回答占了半數。不過，當我要求這些給出模糊答案的人日後「明確寫出5個煩惱」，就陸續有好幾個學生表示，把煩惱用言語表達出來後，解決方法就隨之浮現了。**用言語表達出來**是非常有意義的。

在一連串步驟的最後，我們要思考「具體上可以做些什麼，才能達到理想狀態」。

要一舉達到理想狀態或一口氣解決所有問題是很困難的，但是我想我們可以先踏出階段性解決龐大問題的一小步。因此，**一開始的難度要盡量設定得低一點**。

舉例來說：

- 為了找到薪資待遇更好的工作，先去轉職網站上註冊。
- 為了找到一個人也可以享受的事情，先去看看文化教室※的課程一覽表。
- 為了找到不花錢的興趣，搜尋並記下幾個感興趣的網站。

像這樣列舉出可能的具體方案，就可能從中找出問題的解決之道，採取行動也會讓自己產生自我肯定感，感覺到自己有在向前邁進，哪怕只有一點點，也能夠緩解內心的不安。請各位務必試試看！

※譯註：主要以社會人士為對象，舉辦學習文化、教養之講座的學校。

C型 讓經過漫長歷史淬鍊，至今仍留在許多人心中的名言，以及打動人心的名作主角台詞來幫助自己

感覺到一股說不上來的不安時，建議先「想想名言和喜歡的句子」。在莫名不安的夜裡，名言、喜歡的句子和座右銘能夠給予我們心靈上的支持。

舉例來說，有很多東大生會把喜歡的句子寫在牆壁上，覺得難受時就看看它。最近也有很多人會把名言設成手機桌面。

東大生對文學或偉人名言非常了解。例如「去做就會成功，不去做就不會成功，世間萬事皆如此，不能成功都是因為人們沒去做」、「天不造人上之人，亦不造人下之

人」、「花朵難免遭遇暴風，人生不過是一場離別」等等，請找一找偉人的名言或書裡的佳句並將其寫下。

還有言靈這個概念。言靈的意思是，言語裡蘊藏著力量，藉由說出口或寫下來，那份力量就能為己所用。

讓我們先來找一找自己喜歡的短句吧。任何句子都可以。請回想一下以前看過的電影片段、喜歡的人物說過的話、漫畫的某一格，並寫下短短一句話。

這次我們針對東大生進行調查，收集到形形色色的名言，在這裡介紹給大家。

電影《鬥陣俱樂部》裡，由布萊德・彼特飾演、腦中充滿瘋狂想法的泰勒・德頓說過一句話：「你必須毫不恐懼地面對自己總有一天會死的事實！只有拋棄一切，才能獲得真正的自由！」某位東大生表示，他曾經受到這句話激勵而採取了行動。

除此之外，也有其他東大生表示《鋼之煉金術師》的主角愛德華・愛力克的台詞：「站起來，向前走。」深深打動了他。

我很喜歡的一句話是：「就算沒自信也要試著相信，感到迷惘就試著行動，感到不安就試著全心投入，感到害怕就試著跑起來。」經常把它掛在嘴邊。這句話出自一部二〇〇六年的戲劇《主播台女王》，是主角群面對全新挑戰時會說的台詞。

另外，在電影《魔戒》中，主角佛羅多感嘆：「我希望魔戒不在我手中……我希望這一切都沒發生……」此時，魔法師甘道夫對他說：「每個遇上這種局面的人都會這麼想，但是命運不由人。我們唯一能做的，就是決定自己該如何面對這一切。」有一位東大生說，這句話是他的心靈救贖。

這些話語會成為點綴人生的色彩。從古流傳至今的名言，就是「從久遠的時代到現在都存在的根本法則」。

這些話語從以前就是人們的心靈支柱，是一直流傳到現在的重要概念，正因如此，這些話語才能給予我們勇氣。

它們也會幫助我們建立價值觀。在尋找喜歡的句子的過程中，你會慢慢發現自己喜歡什麼、討厭什麼。請大家務必思考看看！

D型
擺出笑臉，或是跟著愛笑的朋友一起笑

這個方法大家可能不太熟悉。感覺沒辦法正向思考的時候，東大生經常採用的小技巧，就是「試著擺出笑臉」。

或許有些人會覺得：「別開玩笑了，就是因為笑不出來才會陷入這種狀態啊！」其實，大家對此可能有一個小小的誤解。

據說有時候**人類不是因為「笑」才「露出笑容」，而是因為「露出笑容」才「笑」的**，這在心理學領域已經算是常識。

舉例來說，當一個人用透明膠帶將嘴角固定上揚，另一個人則固定不讓嘴角上

揚，並觀看看同一齣喜劇。而結果顯示，嘴角固定上揚者的大腦偵測出了較多掌管笑意的腦波。這是因為人類只要擺出笑臉，就會產生想笑的情緒。

是假的也沒關係，只是形式上也沒關係，請「露出笑容」。這能讓大家變得稍微開心一點。

有一位此類型的東大生，在考試遭遇困難的時候刻意擺出笑臉。即使碰到某個問題而心想「糟了」，也要先擺出笑臉再思考。他表示，這樣能讓自己冷靜下來看待事情。練習擺出笑容，也許會讓各位的人生獲得好轉。

我想推薦大家做的另一件事，就是「結交愛笑的朋友」。當然也可以一個人在昏暗的房間練習擺出笑容，嘲笑自己「到底在做什麼」，不過有些人反而會覺得這樣很空虛。所以我決定結交愛笑的朋友，跟著那個朋友一起笑。就算笑不太出來，也要先擺出笑臉來迎合對方。光是這麼做，就會產生快樂的情緒。

沒有穩定的伴侶、可靠的親戚或兄弟姊妹，擔心自己會孤老終身，莫名地感到不安

例如這種情況……

朋友

在LINE群組看到同學們都陸續結婚、生小孩的消息。

工作

看到同事為了接小孩而匆匆忙忙地上下班，與沒有人在家等待、要加班到幾點都沒關係的自己形成鮮明對比。

私生活

假日沒有任何安排，也沒有可以一起出去玩的對象，無事可做，閒得發慌。

東大控制術

靠自己的力量提升評價，找到樂趣……解放自己的「可挑戰領域」

你是否曾用「我不能」、「我做不到」這些話，限縮了自己的可挑戰範圍呢？全新的環境、樂趣和挑戰，能夠開拓出積極正向的人生！

A型 把理所當然的事也視為值得稱讚的事

B型 試著尋找一個人也可以享受的娛樂

C型 前往全都是陌生人的環境

D型 用音樂的力量激勵自己

A型

即使是理所當然的事，也要讓它為別人帶來幫助 贏得周遭人們的「稱讚」

當一個人感到不安的時候，該怎麼辦才好呢？我想其中一個答案，就是去做能讓自己實際感受到人與人之間的聯繫的事情。

而人在受到稱讚的時候，就能確實感受到人與人之間的聯繫。多累積被別人道謝的經驗，是消除不安的方法之一。

大家知道日文「働く（工作）」這個詞是怎麼來的嗎？據說其語源是「側を楽にする（讓身邊的人輕鬆）」。讓自己身邊的人獲得幸福，似乎就是「工作」的意義。因此，「為了受人稱讚而努力」就是解決這個問題的其中一種方法。

什麼都行，去做點會受人讚賞的事情吧。為了讓人露出笑容而努力吧。可以為了家人認真打掃家裡，也可以在工作時讓團隊的氣氛變融洽。總而言之，就是去做會受人讚賞的事。

但是要記住一點，「逞強並不值得讚賞」。

就算你拚命逞強、勉強自己完成了某項工作，也不值得讚賞。因為別人會為你捏一把冷汗，看不下去。而那樣是不對的，「做理所當然的事」才值得讚賞。

讓我們努力去做理所當然的事吧。

打掃房間、平時工作上的電子郵件往來、多為朋友著想一下……

在確實實踐這些事情的過程中，你應該就會漸漸理解人與人之間的聯繫。

另外，也積極地去稱讚別人吧。心理學中有個現象叫「互惠原理」，當你對一個人做了某件事，對方高機率會給予你相同的回報。**會稱讚別人的人，也會被別人稱讚**。

請示著作一些會受到別人稱讚的事吧。如此一來，自己的精神或許就會穩定下來。

B型

以「一個人才能享受的娛樂」與「找到值得依靠的人」這兩個出發點，去拓展選項

感到莫名的不安，擔心自己會孤老終生的時候，以「①享受或利用獨自一人的狀況」和「②尋找伴侶或值得依靠的人」為出發點展開思考，是個不錯的解決方式。這是MIORI小姐推薦的方法。

先來解說①的部分。伴侶、親戚、兄弟姊妹的存在確實會為我們的人生帶來巨大的影響，當我們感到難過時，他們也會成為我們的心靈支柱。不過，我們每個人都有獨自一人才辦得到的事、如果不是獨自一人就無法完成的事、獨自一人時更加多元的

選擇。而且這些事情一定比我們想像的還多。

舉例來說，也許在沒有伴侶或家人干涉的狀況下，我們才能夠全心投入工作或興趣；也許趁還沒有家人需要照顧時，我們才能夠放手一搏。不過，能夠下定這樣的決心，也是因為自己還單身、沒有小孩，只要顧好自己的生活就行。

直到不久前，MIORI小姐總關注「與別人在一起的自己」和「與自己在一起的別人」，因為過度在意人際關係中的自我與他人，差點忘了如何去愛與照顧「純粹的自己」。當構成自己的一切事物都與別人有關時，便難以辨認自己真正的喜歡的是什麼。

為了避免丟失自己喜歡的東西和幸福，要好好傾聽內心的聲音，去做自己想做的事，取得自己想要的東西，這些事情事很重要的。

而理想的狀況是，在①「享受或利用獨自一人的狀況」時，同時進行②「尋找伴侶或值得依靠的人」這件事。（不過，如果你對於獨自一人的狀況已經十分滿足，當然可以隨時從②中抽身）。

MIORI小姐的建議是，不限於戀愛目的，盡量增加認識新朋友的機會。認識新朋友可以為自己帶來許多刺激，有助於充實自己的工作和私生活。

使用交友軟體、參加戀愛或結婚的聯誼活動當然也很好，除此之外，也可以發展興趣或學習才藝，參加商業展覽或演講，加入某個社群。

另外，這種時候我會建議各位「在開口之前先想好要問對方什麼」。參加結婚聯誼派對的時候，可以事先看看對方的簡介資料。也就是事前了解對方，在見面前先想好想問對方的事。看到對方的履歷或興趣，可以試著問：「你有換過工作啊！那應該是個很重大的決定吧？」、「原來你喜歡讀書啊！你喜歡什麼樣的書呢？」等等。

如果不知道對象是誰，可以先和主持人打好關係；若是上才藝班，則可以先和老師聊聊。在此類型的東大生之中，也有人和編織教室的老師建立了好交情。要像這樣從已知的人物開始調查，與他們打好關係。

慢慢拓展自己的世界後，關於「我會不會孤老終生？我會不會孤苦無依？」的擔憂應該也會稍微好轉吧。

C型

帶著跨越瀨戶大橋的長途移動心態，在陌生環境打造自己的全新歸屬

接下來推薦的方法是，試著踏進自己過去從未接觸過的全新社群。

很多東大生在備考時期，都刻意去上距離學校很遠的補習班。大家覺得這是為什麼呢？因為選擇學校附近的補習班，會遇到很多同校的朋友，可能會總和同一群朋友混在一起。如果選擇較遠的補習班，就能夠建立全新的人際關係，結交新的朋友。此類型的人本來就很正向樂觀，建立新的人際關係應該不是什麼難事。

有個東大生竟然每週跨越瀨戶大橋，從香川縣前往關西圈補習。真是不得了。不過做到這個地步的話，通常能建立新鮮的人際關係，並以全新的方式加深與朋友的交情。

因此**「前往遠方並加入該處的社群」**是一件很棒的事，對吧？

現在還有Facebook社群以及線上沙龍※等等，社群種類非常豐富。只要你願意加入社群，就一定能夠建立多元豐富的人際關係。

C型東大生之間相當流行「去有很多非東大生的地方打工」。由於東大生較常從事補習班、家庭教師之類的打工，所以他們會選擇去餐飲店、便利商店、超市這種會接觸到各種不同世代的人的地方打工。

加入完全不認識自己的社群，才會有新發現。

因此，**前往有不認識自己的人存在的空間**是一種解決方法。

應該也有人不擅長線上交友吧。如果你是這樣的人，不妨效仿那位跨越瀨戶大橋的東大生，前往位於隔壁城鎮或鄰近地區，距離較遠的健身房或才藝班看看吧？

若是在同一個城鎮，無論如何都會遇到一、兩個認識的人，結果有可能就一直和他們混在一起，無法拓展交友圈，這種情況在鄉下地區特別常見。因此，不妨在距離稍遠的地方建立一個會固定前往的據點。請大家務必嘗試看看。

※譯註：一種網路上的粉絲俱樂部和社群。使用者每月支付固定的費用，就可以收到會員專屬內容（如電子報、影片等），並參與線下的互動。

D型

利用音樂節奏、旋律、歌詞的力量，接受不如意並向前邁進

推薦給D型的方法非常主流，不過當我們心情沮喪、感到孤獨的時候，果然還是需要音樂。即使是平常不太聽音樂的人，在情緒低落的時候運用音樂的力量，也有可能產生很大的效果。

聽音樂既不花時間，也無須做什麼準備，只要有手機和耳機，就能在YouTube上聆聽音樂。

可以一邊做事一邊聽音樂，也可以買個好耳機來聽音樂。

其實人們已經開始了解到，音樂具有「調節情緒」的功能。好幾項研究的結果都顯示，「音樂具有為個人帶來理想心情和情緒的效果」。

應該有人會說：「可是我平常不聽音樂。」那我就來介紹幾首，我身邊很多東大生「在備考的時候、內心感到不安的時候會聽」的歌給大家。

〈Close to You〉（木匠兄妹）

〈Heal the World〉（麥可・傑克森）

〈Desperado〉（老鷹合唱團）

首先推薦這幾首非常受歡迎的西洋歌曲。也有很多人喜歡披頭四和綠洲合唱團等樂團的歌曲。

再來是日本歌曲，在主流音樂方面，Mr.Children很受歡迎。〈I'LL BE〉這首歌很適合在面對不安的時候聽，也有人從它勵志的歌詞中獲得勇氣。〈明天一定是美好的一天〉（高橋優）這首歌也很多人喜歡。許多考生都說「在備考時期，那些看不到未來的日子裡，會把這首歌當成咒語反覆聆聽」。其他能讓人對未來懷抱希望的歌，我也非常推薦。

另一方面，肯定失敗及憂鬱情緒的歌也很不錯。比如〈LOSER〉（米津玄師），這首歌闡述了看待失敗的方法，讓人能夠微笑面對自己在某件事上失利的事實，聽了之後也許會感覺稍微開心一點。

也很推薦〈那幫傢伙的同學會〉（永遠是深夜有多好。）。如同他們的團名「永遠是深夜有多好。」，這首歌賦予了我們一種堅強的心態，讓我們能夠接受不如意並繼續向前邁進。

我個人最推薦的則是〈四十路〉（日食夏子）。這首歌會讓我覺得，即使遇到極度痛苦的事也要好好活下去，迎接明天。

真的真的走投無路的時候，不妨聽聽重金屬搖滾或激烈到讓人覺得腦袋快裂開的快節奏搖滾歌曲。感覺這些歌曲能幫自己摧毀那無可救藥的日常生活。有東大生會在心情跌到谷底的時候聽〈五月蠅〉（RADWIMPS），不過我個人不大推薦。他表示，這首歌的歌詞雖然激進，但是聽完卻會神奇地感到渾身舒暢。

聽完音樂之後，鼓起勇氣向人搭話吧。請試著向人搭話，建立人際關係。鼓起勇氣邁出腳步後，你會發現自己出乎意料地能夠與各種不同的人交談。

沒有頻繁聯繫，且不論遇到什麼事都可以放心商量的朋友，覺得很孤單

例如這種情況……

想找朋友聊聊自己有點丟臉的經歷，或是稍微沉重的內容，卻擔心：「這種事可以找他聊嗎？」最後放棄找朋友商量。

看到同事們在公司走廊站著閒聊，意識到自己沒有可以聊公事以外的沒營養話題的對象。

假日沒有安排，所以沒出門，在沒跟任何人說話的情況下結束了一天。

東大控制術

一定要有心靈相通的現實知己好友嗎？只要意氣相投，就算沒有見過面也能成為心靈支柱

「哇……我的理想太高了……」別為了填補內心的空洞而把一切寄託於朋友身上。別去追求心靈相通。只要找到志趣相投的人就好了。

A型 強制減少獨處的時間

B型 根據不同目的結交朋友

C型 在網路上交朋友，而非現實生活

D型 活在虛構世界裡

A型

約朋友、安排工作，把時間填滿，或是前往能與陌生人互動的地方，把獨處時間減到最少

說起來，我們什麼時候會感到孤單呢？

我想大概是**「獨處的時候」**。我們很少會在和朋友聊天的時候覺得「好孤單」吧。除了朋友們在ＫＴＶ一邊說「這首歌很讚吧」，一邊唱著自己完全沒聽過的歌，這種無法加入話題的情況以外，和朋友待在一起的時候應該是不會感到孤單的。

既然如此，事情就好辦了。只要先減少獨處的時間即可。約朋友見面，多安排一些出遊行程，拚命工作，連晚上都安排會議……**只要安排跟許多人待在一起的行程，**

把時間填滿，就沒空感到孤單了。

其實，這也是東大生在備考期間感到不安時會採取的手段。鄰近考試日期，精神壓力大到快要崩潰的時候，很多東大生都會約朋友一起讀書。比起一個人讀書，和朋友待在一起，盡可能減少獨處的時間，可以減輕備考期間的孤獨感。除此之外，也有很多人會仰賴學校資源，不斷去找老師問問題。至少在與老師說話的期間，不僅可以學習，還不會感受到孤獨。

所以讓我們一起努力減少獨處時間吧。把它當作一種手段，不管是讀書、工作，任何事情都可以，請試著找一件事情全心投入。告訴自己「現在就是這種時期」，總之先依靠某件事活下去。

也可以反向操作。你可以逼迫自己安排一大堆娛樂行程，藉此探索新的興趣。也可以乾脆親自規劃一場派對、娛樂活動或遊戲大賽等等。

如果這對你來說太難，去桌遊店也不失為一個方法。就算是一個人去，也可以和店裡的人一起玩喜歡的桌遊。問卷調查結果顯示，每十名東大生中就有一名回答興趣是桌遊，而且一個人去的人比和朋友一起去的人多。東大生也許意外地孤單。

總而言之，先為自己排上滿滿的行程吧。如此一來，感到孤單的時間應該就會減少。

B型

可以毫無保留敞開心扉的唯一知己，只是一種幻想！與其「結交無話不談的朋友」，不如「根據類型和目的交朋友」

「自己是不是沒有那種可以為了雞毛蒜皮的小事聯絡對方，或是隨意閒聊一些不值一提的瑣事的朋友？」很多人都會為此感到煩惱。然而我想對這些人說，**「說到底，真的能夠無話不談的朋友現實中根本不存在」**。

當然，可能也有人擁有這樣的朋友，不過這種人大概非常稀少。

不管怎麼說，總有些事是不方便跟別人說的。此外，大部分的人應該多多少少都有一些無法對任何人訴說、深埋在心底的祕密。

不過，這樣也無妨。擁有一個能夠毫無保留敞開心扉的朋友的確很理想，然而，現實中是不可能有人與自己價值觀完全相同，喜好完全一致的。我認為每個人都身處於某種孤獨之中，我們必須妥協於這種狀況，找到平衡點。

針對東大生進行的問卷調查結果顯示，只有１％的受試者「真的擁有無話不談的朋友」。擁有這種朋友的人寥寥無幾，想找到這種朋友簡直是天方夜譚。

那麼，東大生是如何排解孤獨的呢？以ＭＩＯＲＩ小姐為首的Ｂ型東大生，大多都採取「根據類型或目的結交不同的朋友」這個方法。

這種說法聽起來可能沒什麼人情味，甚至有點無情，但是這樣就行了。

比如說，可以聊工作聊得很熱絡的公司同事或主管、下屬。可以談論戀愛煩惱的戀愛經驗豐富的朋友。可以一邊喝酒一邊閒聊沒營養話題的學生時代老朋友。可以一起去迪士尼樂園玩的迪士尼同好。這些朋友都不需要是同一個人。

沒必要在迪士尼樂園乘坐遊樂設施的時候聊工作的話題（這種人也太可怕了），也沒必要把自己的戀愛狀況說給公司同事聽。我們不會對一個朋友展現出自己所有的面向，相反地，也不該期待對方能滿足自己所有的需求。

不用堅持找到特定的某一個人，抱持只要根據類別與目的找到可以同樂的對象就好的心態，應該會稍微輕鬆一點。

C型

徹底活用社群平台和應用程式，先從拓展網路上的交友圈開始做起

說得極端一點，「交朋友」實際上是解決孤單的唯一方法。除此之外別無他法。

因為事實就是這樣嘛。只要不建立人際關係，人類就會一直感到孤單。對於容易負面思考的人來說，更是如此。

雖然在其他類型的篇章也介紹過其他方法，但包含這些在內，其他方法都不過是在「拖延」。因為牙痛而去看牙醫的時候，不是有些牙醫只會開止痛藥嗎？雖然拖延有時能解決問題，但以拖延以外的方法解決，仍是不會改變的理想選擇。

因此，我推薦的方法是「降低朋友的門檻」。

朋友究竟是什麼呢？有人會把一起玩過一次的人視為朋友，也有人認為見過五次面卻沒講過話的人不算是朋友。

不過，請大家降低朋友的門檻。例如，「知道對方的長相和名字，且說過話就算是朋友」。不要管對方是否記得自己，是班上或公司裡的人也沒關係，把網路上的互動也算在內吧。像這樣打折扣之後，無論是什麼樣的人，應該都能擁有兩隻手數不完的「朋友」吧。

無論是誰都能交到超過十個朋友。接下來只要從這些人之中，隨便找個人聊聊就好。可以透過社群平台稍微聊一下，如果有勇氣的話，也可以試著約人吃飯或出去玩。

還有一件類似的事情。很多東大生會創建「讀書帳號」，在社群平台上與人互動。在Instagram或X（原twitter）上建立帳號，表明「我接下來會這樣讀書」，其他一樣在努力讀書的人會就按「讚」或留言，為你加油打氣。如此一來，就可以一下子交到很多同樣在努力讀書的朋友。

也有東大生說，他曾經在社群平台上獲得別人轉讓喜歡藝人的演唱會門票，因此和對方一起去看演唱會，兩人現在成了一起追星的夥伴。

現在這個時代很幸福。因為只要運用社群平台，就可以找到並結識與自己想法相同的人。不只是社群平台，現在還有用來結識擁有相同興趣之同好的ＡＰＰ。還有很多用來尋找戀愛、結婚對象的交友ＡＰＰ，可以不帶著「我要交男／女朋友！」的雄心壯志，單純把它當成結交異性朋友的工具，試著運用看看。感謝這個時代給了我們用各種不同方式認識別人的機會，各位不妨也努力建立新的人際關係看看吧？

D型

在「虛構世界」中找到與自己相似的角色或崇拜的角色，並徹底成為那個人

「怕生，不擅長主動開口說話」、「會在腦中不停地思考別人是怎麼看待自己的，變得不敢跟人說話」等等，我想有很多因素會讓人對此感到煩惱。其實我有時也有點怕生，想著「該怎麼開口搭話才好……」，結果沒能說上話，就這樣讓時間白白流逝。遇到這種情況時，果斷地去閱讀虛構作品，也就是小說，或者看漫畫、動畫、電影也是一種方法。

具體步驟是先看小說、戲劇、電影等等，從中尋找和自己相似的角色。接著，再

從該角色的台詞或言行舉止中獲得勇氣。像是「那時候沒能說出口，但我其實是想這樣和朋友聊天的」、「要是我也能像這樣行動就好了」等等，將自己的心情投射在角色身上，抱著成為那個人的想法，就會產生正面積極的心態，覺得：「我下次一定能更順利地跟對方說話……！」當你沉浸在虛構世界當中時，也會查覺到自己以前沒注意到的情緒，心想：「原來我是這樣想的啊……」能夠客觀地審視自己。

「為了更輕鬆地與朋友聊天，我必須改變現在的自己……」每次將注意力放在外部去努力，都會無功而返……曾有東大生為這樣的循環感到煩惱。

不過，透過虛構世界將注意力放在內部的「自己的心」，似乎就可以比較冷靜地看待事情。也許凝視自己的心，可以阻止不安與寂寞等情緒無限膨脹。

此外，虛構世界裡住著各式各樣的角色，因此能夠遇到很多不同的人，這也是其魅力之一。「雖然和自己完全不同，但他的生活方式很瀟灑」、「我好敬佩這種想法」等等，能夠得到許多角色的鼓舞。

也有一些東大生是看了《東大特訓班》而決定報考東大的。另外，也有人在看了《宇宙兄弟》後，「想要像主角一樣前往宇宙追夢！」而立志考上航空太空工學系。當你開始認為「那個主角應該會這樣」之後，自己的生活方式應該也會跟著改變。

昇進
一流企業入社
志望大合格
生徒会長
兄
サッカー部補欠
大学不合格
自分探し中
自分
15才
18才
22才
30才
採用情報
応募する

第3章

趕走因為與人比較而產生的自卑感和不自信感

你曾經因為與優秀的手足、同事比較，而感到自卑嗎？應該會有人因為對自己沒自信，而始終無法踏出前進的腳步吧。其實，許多東大生都是經歷過自卑、挫折，最後才獲得成功的。我們詢問了這些以失敗為養分，成功考上東大的東大生，他們是如何應對自卑感和不自信感的。

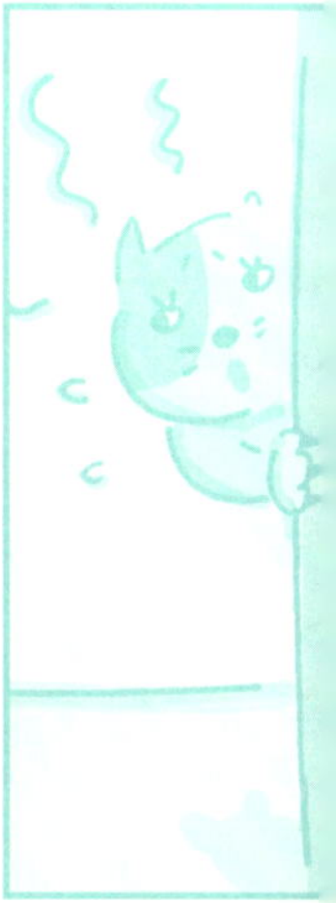

很愛與人比較並因此感到自卑。總是會嫉妒感情好的朋友或身邊的人，沒辦法真心尊敬對方，對這樣的自己感到生氣

例如這種情況……

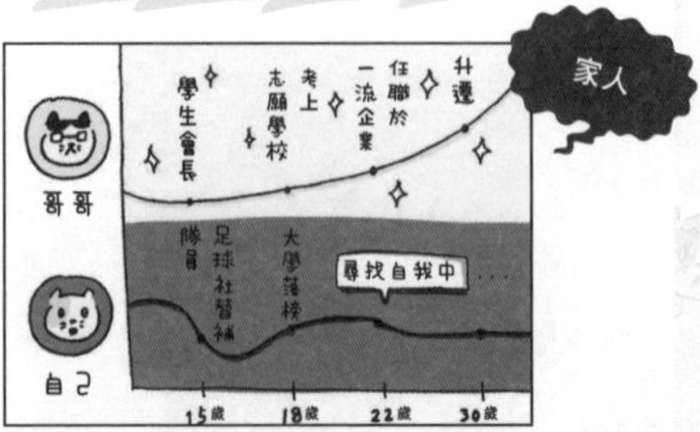

手足的學歷和工作都比自己優秀，一直受到父母誇獎。

透過社群平台或聚會得知身邊的老同學、老朋友結婚，或在工作上表現亮眼。

同事的工作進展順利，自己的案子卻接連遭遇問題。

東大控制術

丟掉「自卑感＝不好」的概念，好好接受並面對自己的短處

自卑感也是一種正當的情緒，有時還會成為我們努力的原動力。少了自卑感就沒辦法成功，所以要好好接受它，並思考克服的方法。

A型 把自卑感當作努力的能量

B型 找出自己身上不能被量化成分數的魅力

C型 理解自卑感是成功不可或缺的要素

D型 減少「選擇」的機會

A型

會覺得自卑或煩躁，是因為身上蘊藏著努力的能量。想想看有什麼東西是因為「做不到」才能獲得的

「那個人可以○○，我卻做不到」、「為什麼自己連這種事都做不到呢……」應該有人曾對這些事情感到煩惱吧。

東大生具有容易感到煩惱的傾向。因為想要進步，才會經常與他人比較，而且東大裡面本來就有很多非常厲害的人，所以會一直感到自卑也是難免的。

許多在家鄉總是拿第一名的孩子，都在進入東大後發現「人外有人，天外有天」，並為此煩惱不已。也有很多人不斷被身邊的人以新幹線般的超快速度超越，而

煩惱「為什麼自己做不到」、「為什麼自己這麼笨拙……」、「為什麼自己沒辦法俐落地處理好事情……」。

這種時候你要想，「做不到」、「不擅長」和「做得到」一樣，都是你的「魅力」之一。請試著這樣想想看，正因為自己「做不到」，才能從做得到的人那裡獲得許多建議，才能完全感受到那些人有多了不起。這麼想之後，不僅心情會平靜下來，也不會再受到旁人的影響，能夠按照自己的步調，一步一腳印地努力向前。

而我認為，與人比較後感到嫉妒，並對這樣的自己感到煩躁，也和「做不到」一樣，是一種蘊藏著許多可能性的「力量」。感到自卑或煩躁的時候，或許會覺得煩惱和負面情緒淹沒了自己，但是自卑、嫉妒和煩躁的情緒之中，應該蘊含著「自己也想學會」的心情。正是因為你試圖把「自己也想學會」的心情藏在心裡，才會產生自卑、煩躁、嫉妒的情緒，不是嗎？。

換句話說，抱有自卑感和煩躁感，就代表你身上蘊藏著豐富的努力能量。不要隱藏「自己也想學會」的心情，把自己抱有的情緒直接轉化為能量，應該就可以慢慢擺脫這個煩惱。

看見厲害的人，能夠坦率地稱讚對方厲害的能力很棒，會感到不甘心的能力同樣也很棒。自己擁有的所有情緒都是「自己的特色」，都是無可取代的。

B型

想著別人光鮮亮麗的外表底下一定有黑暗面，找到自己身上那無法量化的「不會輸給任何人的東西」

認為「我們眼中所見的大多都是別人的光明面」也是一個方法。無論是誰、無論何時，應該都擁有光鮮亮麗的一面和陰沉黑暗的一面。永遠一帆風順、沒有任何汙點、超級快活的人生，我想基本上是不存在的。

然而，自己眼中所看見的別人，尤其是當自己遭逢不順、心情沮喪的時候，就容易只呈現出光鮮亮麗的一面。除此之外，他們本人也會傾向於強調、展現自己光明的那一面。人們會在社群平台上報告自己結婚和工作上的優異表現、發布旅行或享用美食的內容，但是幾乎沒有人會在上面講述自己過得多麼不順遂。

請試著這樣想想看，別人本來就只會讓人看到他們光鮮的一面。也可以試著這樣理性看待，我們在社群平台上看到的那些精緻日常和生活方式，只要是別人自己用相機拍攝並發布的，就大多都是虛構的。「那個人好出眾、好厲害啊，真好，好羨慕喔……」就算腦中冒出這種想法，也要想像：「不，儘管如此，他背後應該也吃了很多苦、有很多煩惱吧。」如此一來，就不大會在與別人比較後產生自卑感，覺得「好處全被那個人佔盡了」或「自己完全沒得比」了。

另外，MIORI小姐還做了一件事，就是「在無法量化成分數的領域，創造一項自己堅信『不會輸給別人』的優勢」。

不是像收入這種可以用數字比較的東西，也不是像已婚、未婚這種可以用YES或NO判斷的事情，而是絕對無法用分數來衡量的東西，比如說「擅長畫畫（擁有只有自己畫得出來的畫）」、「廚藝精湛（能做出自己覺得最美味的料理）」，在特定領域堅信「自己很厲害！」，為自己建立自信。

這很難在一朝一夕找到，但如果找到一個，就會覺得：「在那一點上，那個人或許也很厲害，但是我還有這個。」如此一來，就算覺得自己在某個部分輸給別人，感到「自己很沒用……」的情況應該也會減少吧？

發明「管理學」的管理學家彼得・杜拉克也在其著作《卓有成效管理者的實踐》中提到：「為了自己的成長，最該優先做的事項就是追求卓越。之後就會產生充實感與自信。」培養自己的特長，會帶來精神上的充實感，以及知道自己具備達成目標之能力的自我效能（參照P112）……進而帶來讓自己變積極的機會。

C型

把不順遂的事情變成邁向成功的能量，肯定自卑感，鍛鍊出堅強的內心

這和B型的建議很類似，但不要用負面眼光看待這些事也很重要。例如「自卑感」、「與別人比較」等事情，通常會帶著負面印象，但其實這些不見得是壞事。

否定自己並悲觀看待現狀的負面思考，我們稱之為自卑感，而自卑感能夠成為「改變自己的原動力」，也就是企圖心。

英語會用「glass half full」來代稱樂觀，用「glass half empty」來代稱悲觀。其由來是，看到一個裝了半杯水的杯子，有的人會說「還有半杯」，有的人會說「只剩半杯」。

同樣是半杯水，有些人眼中看到的是「杯子裡裝了一半的水（full）」，有些人眼中看到的則是「杯子裡少了一半的水（empty）」。

大家猜猜看，回答哪個答案的東大生更多呢？結果顯示剛好各半。

我採訪東大生，詢問他們「立志考上東大的理由」，有相當多的學生回答「在其他領域遭受挫折後，便立志考上東大」。

舉例來說，「從國中開始連續六年都參加田徑社，幾乎沒有讀書。可是在高三那年的六月，學生生涯的最後一場大賽上受了傷，沒能全力以赴就結束了。接下來的一年認真讀書並重考，最後順利考上東大」或是「參加將棋社的三年來都很努力，但是有個無法戰勝的對手，在大賽上只得到亞軍。接著，我仔細思考自己在什麼事情上能成為第一名之後，就開始認真讀書，最後考上東大」，這種「因為高中時期在某處遭遇挫折而立志考東大」的人非常多。而懷有這種動力的人，比其他學生更容易考上東大。

光靠full的思考，進取心會在將來逐漸減弱。容易滿足於現狀，覺得「我已經努力達到這個程度了，就維持這樣也不錯」。因為是抱著「也許可以變成這樣！」的想法而開始的，所以容易覺得「到這個程度就夠了吧」，在中途就感到滿足。

反之，傾向於empty思考的人，通常會直面自己的弱點，想著「這個部分還不太行」、「得更努力一點才行」，不斷增強進取的心態。

因此，自卑感並不是不好的情緒，而是成長過程中不可或缺的要素。這麼一想，大家不認為與自卑感好好相處，也不失為一個手段嗎？

D型

為了避免浪費腦力，讓大腦疲倦，增加例行公事，減少需要「選擇」的場面

之所以會感到煩躁，有可能是因為大腦累了。當一個人疲倦的時候，就會感到煩躁。

因此，只要減少大腦疲倦的情況，或許就能讓思考變得清晰，減少煩躁感。

大家可能會想：「大腦疲倦是怎麼回事？」**最容易理解的一件會讓大腦疲倦的事，就是「選擇」**。因此，只要能夠減少選擇這個行為就行了。

史蒂夫・賈伯斯每天都穿同樣的衣服。大家似乎都對此感到疑惑，心想：「他每天都穿同一件衣服嗎？」其實真相略有不同。他是擁有很多件同樣的衣服。此外，也有很多人和他一樣，擁有很多套一模一樣的上班服裝。

大家可能不理解箇中原由，不過從腦科學角度來看，這件事相當合理。腦科學的研究結果顯示，人類的大腦每天大約會做出三萬五千個選擇，因此大腦會出現選擇疲乏的現象。

大家可能會疑惑：「真的有做出多達三萬五千個選擇嗎？」但是請各位想想看。

・要穿什麼衣服去上班？
・要搭幾分的電車？在哪一站下車？
・要在什麼時候開始工作？

・要在什麼時候打電話給客戶？

不斷進行這些小小的選擇，要達到三萬五千個不過是眨眼間的事。

因此建議大家盡量減少需要選擇的事情。史蒂夫・賈伯斯之所以擁有好幾件一樣的衣服，就是為了避免「挑選衣服」這個行為。既然衣服都一樣，就不用選了，這樣才能夠減少一次選擇。

因此我建議大家「減少選擇的次數」。買同樣的衣服，在固定的時間洗澡，事先決定好物品的擺放位置，把常聽音樂的播放清單固定下來……也就是說，先做好減少選擇的準備。許多東大生都有著這樣的例行公事。不要把腦力消耗在無謂的選擇上，這一點相當重要。

對自己沒有自信，覺得「反正自己辦不到」，在做之前就放棄

例如這種情況……

從小父母就不表揚自己，只會不斷否定自己，這樣的記憶根植在腦中，導致每次要踏出腳步時都躊躇不前。

明明有喜歡的人，可是對自己沒自信，所以無法展開行動。

看到嚮往的公司在徵人，或是有想要挑戰的資格考試時，心想「自己不可能會通過」而沒有去挑戰。

東大控制術

自卑感、放棄、失敗……總之先遠離會出現「否定」的狀況

雖然人生中本來就會遭遇很多不順遂的事，但是只關注這部分，會讓自己陷入惡性循環。先不要「否定」，從無論在何種狀況下都「相信可能性」開始做起。

A型 建立足以消除自卑感的自信

B型 決定好撤退條件再去挑戰

C型 要具備的是自我效能，而非自我肯定感

D型 捨棄「失敗」這個觀點

A型

在「身邊沒人在做的事情」上付出不輸給任何人的努力，建立足以消除自卑感的堅定自信

我以前也是沒有自信、總是認定「自己不行」而無法向前邁進的人。為了改變這樣的自己，我重考兩次，最後成功考上東大。

一個人為何能有這麼大的變化？多半是因為有人在背後推你一把。高一時，一位關心我的老師嚴厲訓斥並鼓勵我，建議我賭上人生迎接挑戰。正因遇見他，我才懷著「考試失利人生就完了」的危機感，全力準備東大入試。不過，這種改變人生的相遇，大概無法刻意安排。

既然如此，我能夠根據自身經驗給大家的建議就是在「身邊沒人在做的事情」上創造價值。為了擺脫「自己不如別人」的先入為主想法，要擁有一件「自己表現得比身邊的人都優秀」的事情，建立起堅定的自信。以我的狀況來說，就是考上東大。

舉例來說，如果你就讀的是開成高中或灘高中這種一堆人都考上東大的學校，那就算考上東大，可能也沒辦法提升多少自信。而身為後段班學生，偏差值原本只有35的我，則是成了母校史上第一個考上東大的學生。在自己身處的環境之中，做過比任何人都要厲害的事情的經驗，會讓你確實意識到自己的卓越之處，讓你覺得：「就算未來的人生陷入困境、遇到比自己厲害的人，也會船到橋頭自然直。」

我認識一個名叫布施川天馬的人，他重考一年後成功考上了東大。據說考上東大的學生家庭平均年薪超過950萬日圓，而布施川先生家庭的收入比這低很多，實現了「年薪300萬日圓家庭之子考上東大」的壯舉。有時候這樣的人更容易受到社會大眾的好評。請大家務必想想看有什麼機會可以創造出自己獨有的優勢！

B型

寧可承受失敗的後悔，也不要因為沒有採取行動而後悔，為此要先決定好撤退條件再挑戰

MIORI小姐在出社會第二年就被迫面臨一個重大決定——要辭掉工作，成為一個自由工作者，還是留在公司。

她一開始只是抱著輕鬆的心情在YouTube發布影片，結果規模愈來愈大，成了她心中最重視的一件事。從事本業的時候也開始會想著YouTube的事，此時她已經不能只把它當成興趣或副業，兩者之間逐漸無法取得平衡。雖說如此，副業的收入還沒達到足以支應生活的程度，而且也沒有人知道，她可以靠網紅這個不穩定的工作混

多久飯吃。

對當時的ＭＩＯＲＩ小姐來說，選擇自由工作者這種工作方式，需要跨越很高的心理門檻。她覺得這件事似乎很困難，沒什麼特殊技能或才藝的自己不可能辦得到。但是她也想嘗試看看，測試自己可以在這條路上走多遠……煩惱到最後，推了ＭＩＯＲＩ小姐一把的，是作家林真理子在著作《野心的建議》中介紹的座右銘。

「做了某件事的後悔會隨著時間減少，因為沒做某件事而留下的後悔則會與日俱增。」

離開在新冠疫情期間仍穩定給付薪水的公司，走上不穩定的自由工作者之路，也許會讓自己餓死。貿然採取行動，有可能完全做不出成果，以失敗告終。即使失敗了，如果曾經全力以赴過，自己應該也能一笑置之，身邊的人應該也會帶著善意的微笑看待吧，ＭＩＯＲＩ小姐在看到那句話之後這麼想。如果現在不去挑戰，自己將來一定會一直想著「自己當時沒有去挑戰」，在後悔中度過一生。於是她便認為，雖然沒有自信，但是放棄的話，心裡就會一直掛記著這件事，所以先嘗試看看再思考下一步吧。

MORI小姐說，這句話成了促使她做出重大決定的關鍵。大家不妨也試著對自己說說這句話吧。

雖說如此，在選擇攸關人生的出路時，應該還是有很多人會害怕失敗。遇到這種情況時，可以設定「至少先做到這裡」，決定自己的具體行動。比如說，試著約喜歡的人出來吃飯一次，或者全力以赴地填寫公司的應徵報名表之類的。

以MIORI小姐來說，她是在離開公司獨立之前，先決定好「撤退條件」。也就是先設定好底線——「如果發生這種情況，就乖乖開始找工作，回去當上班族」。

因為設定了這條底線，MIORI小姐才會覺得要在碰到這條底線之前好好努力，而且反而能以輕鬆的心情面對挑戰。請各位務必一試！

C型

自己誇獎自己，或是透過獲得別人的稱讚，培養出能帶來無條件自信的自我效能

這裡要給大家上一堂課。我想把「自我效能」一詞，介紹給擁有這項煩惱的各位。

自我效能指的是，確信「自己做得到」且認為「事情一定會順利」的自我認知。還有一個詞和它很像，那就是「自我肯定感」，不過自我肯定感指的是「可以展現真實的自己，自己是有價值的」這種無條件的自信。認為「就算做不到這件事，我還是有價值的」是自我肯定感；而認為「我能做到」是自我效能。

如果在自我效能低落的時候不好好培養它，就會產生「反正自己就是做不到」的

想法。

而考上東大的人，大多都是「自我效能」高的人。就算在備考過程中，模擬考的成績不理想，只拿到E級（不及格），依然能認為「下次肯定沒問題」並繼續備考的人，才能考上東大。你必須具備「自我效能」，才能在答不出考題、陷入劣勢的時候，認為「一定有方法可以解決」，堅持不懈地設法解決問題。

心理學家班杜拉（Albert Bandura）的研究結果顯示，一個人的自我效能愈高，努力去挑戰自己設定的目標行動的傾向就愈強烈。另一方面，自我效能愈低，就愈傾向於不那麼努力。自我效能果真非常重要。

另外，據說自我效能可以透過獲得讚賞或是自己誇獎自己來提升，即使是微不足道的小事也沒關係。反過來說，「沒有獲得讚賞就無法提升」自我效能。因此，就算是勉強的也行，請讓自己身處會受到誇獎的情況吧。

對各位來說，誰最常誇獎自己呢？請去找那個人，和他聊聊吧。

如果身邊沒有會誇獎自己的人，可以下載會稱讚自己的人的聲音或APP。我想YouTube或APP上應該會有誇獎各位的內容。例如，松岡修造的YouTube上有無條件對你說「你做得到」的影片，有人說看了影片後更有動力了。此外，看動畫或漫畫主角被人稱讚的場景也是個好方法。反覆地聽，想著「自己做得到」，在腦中描繪出成功的樣子。

D型

請重視容許犯錯的心態，不要認為自己失敗，轉換思維，把每件事情都視為成功

要是事情沒做好，有可能會受人責難，也有可能會感到沮喪。要是犯錯，有可能會丟人現眼。

你可能會想，既然如此，不努力搞不好還比較好。

然而，人類具有「不犯錯就無法學到教訓」的特性。事實上，只是持續獲得成功，人類是沒辦法進步的。

對各位來說也是如此，一帆風順，從未遭遇過失敗，對自己來說其實並不是好

事。反之，遭遇嚴重失敗，嘗到苦頭，顏面盡失，人才能獲得大幅成長。

當你付出心力去做某件事，即使它是錯的，也可以從中吸取許多教訓。你也許會覺得丟臉，也許會覺得有點痛苦，但是這些經驗反而能讓你產生「我下次不會再做錯了！」的心態。

我認為，東大生的過人之處就在於這份「容許犯錯」的精神。

說到底，一般人應該很少會萌生「我要考東大」的想法吧。無論成績再怎麼好，大家通常還是會思考「自己考得上哪幾所大學」、「走哪一條路才不會失敗」。「自己應該可以爬得更高」這種想法本身就不怎麼普通了。

東大生真正的過人之處，在於他們刻意選擇了考東大這條可能失敗的路，並在這條路上勇往直前。

「容許犯錯」的想法，應該就是一切的起點吧？

如果在此前提之下，還是覺得「不想犯錯，好害怕」，就來改變「失敗」的定義吧。

愛迪生曾說過這麼一句話：「我並沒有失敗，我只是找到了一萬種行不通的方法。」換句話說，就算事情不順利，也只要將其視為「我發現這個方法行不通」的「成功」就好了。

不要覺得自己做錯，堅信自己成功了。我認為這是很重要的一點。

過度在意旁人目光，不敢表達自己的真實意見，也無法坦率接受他人的好意。有被害妄想症，覺得別人都在說自己的壞話

例如這種情況……

當朋友過度誇讚自己的髮型或服裝時，就悲觀地想：「是不是之前的衣服或髮型很難看？」

在工作時想到一個嶄新的點子，但是擔心會遭到批評而不敢說出口。

穿新衣服出門時，發現別人看著自己笑，就消極地認為別人可能是在嘲笑自己，這身衣服果然太招搖了。

東大控制術

完全不需要在意「別人的世界」！只要徹底專注於「自己的世界」

為別人而活、只在意別人說的話是非常荒謬的。要專注於自己，為自己而行動，就要先徹底理解別人只不過是「別人」。

A型 降低愛的門檻

B型 理解別人對自己根本不感興趣這件事

C型 去蒸桑拿

D型 用能被客觀理解的價值來證明自己

A型

別人陪在自己身邊＝愛自己，堅信自己被對方愛著

有這種煩惱的人可能是缺乏愛。不相信對方的愛，以至於無法坦率接受別人給予的善意；也是因為不相信對方的愛，因此在受到對方指責時，會覺得「自己被討厭了」。

因此，有的東大生會「降低愛的門檻」。

例如，當別人稍微稱讚一下自己，就向對方說「謝謝！」；在無須特意表達感謝

的場合，試著開口說「我很高興！」……

我向這些人詢問原因，他們回答：「我正在努力讓自己覺得，與自己互動的人們都愛著自己。所以才認為自己也要付出相應程度的愛，頻繁地向對方表達感謝。」

各位可能會覺得：「說愛也太誇張了……」不過我認為這正是關鍵的技巧。「堅信自己被人所愛」是解決這個煩惱的手段。無法坦率接受別人的善意，證明你沒有正面接受對方感情；而覺得別人會說出否定自己的話，則證明你認為別人對自己抱有敵對的心態。

不過，只要一個人「陪伴在自己身邊」，就代表他是愛自己的。你可以這麼想，明明待在一起會看到自己討人厭或笨拙的一面，那個人卻依然願意和自己待在一起，就證明他是愛自己的。

只要告訴自己，對方是愛自己的，自己也會神奇地愛上對方。

說到底，愛並不是獲取來的，而是在交互作用中產生的。愛具有「互惠性」，也就是當別人給予自己某樣東西，自己也會想回報對方同樣東西的心理作用。

換言之，想要得到對方的愛，重點就是自己要先付出愛。因此，我們才要先告訴自己「自己是被對方愛著的」。如此一來，我們就能夠愛對方，坦率接受對方的行為，即使對方對自己說了負面的話，也能善意地解讀為「對方是因為愛自己才這麼說」。

認為自己被別人愛著，然後去愛別人。帶著「愛」去解決煩惱吧。

B型

別人在關注自己、別人很在意自己，這些都是你的自以為是！要知道，根本沒多少人對你感興趣

各位是否曾產生過大家都在注意自己的錯覺呢？當朋友相聚玩樂時，只有自己格格不入，覺得大家的注意力都集中在自己身上；走在街上時，覺得別人好像都在看自己。我也曾經有一段時間，常常莫名其妙地在意旁人的視線。MIORI小姐遇到這種情況時，都會這樣告訴自己：「周遭的人對你根本就沒興趣！」

這一點也不奇怪。實際上，旁人不大關心自己是很正常的。大部分的朋友都不會精準地記得上次見面時我穿了什麼衣服；在路上走著走著就突然成為陌生人談話的焦

點，這種事也幾乎不可能發生。各位在路上看到有點奇怪的服裝或很搶眼的人，應該也都是過一段時間就忘記了吧。其實，別人對你的興趣根本沒有你想的那麼大。

話雖如此，我們有時候還是會不小心太過敏感。因此，當你心裡冒出「大家會接納自己的意見嗎」或「身邊的人是不是都在說我的壞話」這類想法時，先試著找你身邊最值得信賴的人聊聊。詢問對方的客觀意見後，對方應該會告訴你：「那根本沒什麼！」

像這樣與身邊的人聊過之後，別人可能會告訴你「你想太多了」、「別在意」。不過，沒有人是因為想在意才去在意的，大家都是在無意識的情況下不小心想太多。應該有很多人都覺得，即使如此還是會忍不住在意吧。

你會在意旁人的想法，就證明了你是一個會為人著想、會注意自身儀容和言行舉止的人。無須勉強改變這樣的性格和特質。我認為在此基礎上，理解「雖然我自己很在意，但是別人大概沒那麼在意，也不感興趣」這件事才是最重要的。

實際上，美國康乃爾大學的研究也證明了「自己所擔心的事，有一半別人根本不關心」。連這樣的研究結果都有，所以各位其實根本不用擔心！

C型

靠桑拿打造一顆無論面對什麼狀況都不會被情緒左右的堅定內心

要推薦給C型人的方法有一點奇特。有的東大生採用「當自己沒有勇氣坦率表達自己的意見，產生被害妄想的時候，就去蒸桑拿」的方法。

大家應該會覺得我在胡說八道吧。我在了解內容之前也是這麼想的。不過，這個方法其實意外地合乎邏輯。

首先，桑拿房的溫度很高。而我們必須赤身裸體、一動也不動地坐在那個空間裡。接著要泡冷水。從溫度將近一百度的空間，一下子泡進約十度的冷水中，因此身體會受到驚嚇，最終得到俗稱「通體舒暢」的體驗。

這種「通體舒暢」的體驗就像禪。換言之，一般認為這是一種屏除雜念、坦率面對自己情緒的體驗。

實際上，很多人都說：「體驗過通體舒暢的感覺後，思考會變得清晰，能夠好好面對自己。」據說也有很多企業家對桑拿非常熱衷。雅虎股份有限公司之母公司ZHOLDINGS股份有限公司的董事總經理、Co－CEO——川邊健太郎先生、Leverage顧問股份有限公司的董事總經理——本田直之先生，以及NIKOH REFRE會的董事長——中市忠弘先生，都公開宣稱自己喜歡桑拿。

蒸桑拿還有另一層意義。一開始蒸桑拿的時候會很不習慣。不過反覆進行好幾次之後，你就不再會對一百度的桑拿和十度的冷水感到驚訝。意思就是不會再為了一點小事而動搖，而這能讓你以後「無論面對什麼狀況，情感都不會動搖」。最近的研究也證明，人類的身體和精神是密切相連的。

目前已知，精神狀況不佳時，其實經常會先表現在身體狀況上。

例如，覺得「肚子痛」而去醫院看診，發現自己得了壓力型急性腸胃炎。

當別人說自己的壞話，或是別人將情緒發洩在自己身上時，如果身體能夠不為所動，精神就能保持穩定。

雖然這個解決方法有點奇特，但我很推薦大家去蒸桑拿！

D型

為了讓自己相信自己的價值，打造一個受社會認可、能被客觀理解的自我價值

我國中的時候一直遭到霸凌，因此當時我總覺得自己是個沒有價值的人。

偶爾受到別人稱讚，就會心想「騙人！」或「他肯定是因為玩遊戲輸了才被迫來誇獎我的」。

聽起來很不真實吧？

不過，要是在對於人格形成至關重要的敏感時期，長時間遭到嘲笑、鄙視，真的會產生這種想法。

即使已經從國中、高中畢業，一直到最近，我都覺得自己是個只要存在就會妨礙到別人的人。為了重考而去上補習班的時候，我深信自己光是存在就會讓別人感到不舒服，所以曾經帶著「謝謝你們和我這種人待在同一個空間」的感謝之情，分發糖果給班上的同學。

據說和我一樣以前曾遭到霸凌，重考九年後考上早稻田大學的濱井正吾先生，上大學後和我有一樣的感覺，因此也曾發巧克力給班上同學。「如何度過青春期」是非常關鍵的一點。

不過，我不想永遠當個自我肯定感低落的人，於是開始試圖克服問題。既然自己無法相信自己的價值，那就創造受到社會大眾認可的頭銜或成功體驗，在自己身上附加價值，我打算藉此提高自我肯定感。

我在重考兩年後考上了東京大學，著作大賣，還自行創業。如此一來，我不再懷疑自己的價值，不管別人想什麼，某種程度上我也不那麼在乎了。

因為我已經靠自己創造出「別人能夠客觀理解的價值」了。

例如，成為雜誌編輯並負責崇拜演員的連載、實現出書夢想、在業務部門創下最高業績紀錄、成為讓最多學生考上東大的補習班老師、業績第一名、英檢一級、當月銷量第一名、創下最年輕晉升紀錄，什麼都可以。

請專注於客觀事實，帶著目標生活吧。該目標應該會成為你的自信來源。加油！

第4章

消除停不下來的煩躁和湧上心頭的怒氣

明明別人沒有對自己做什麼，
卻因為雞毛蒜皮的小事而煩躁不已。
主管或朋友的無心之言、店員沒禮貌的態度、
冷淡的電話應對，
無法抑制因為這些事而湧上心頭的怒氣。
人類每天都在與這些煩躁和憤怒戰鬥。
接下來要告訴各位，
避免被這些負面情緒牽著鼻子走的方法。

無論有沒有對象，都會因為雞毛蒜皮的小事感到煩躁。有時候事後回想起來，還會再次感到煩躁、惱火

例如這種情況……

幫朋友代墊了一點錢，朋友卻一直不還。

後輩對自己說了一些有點瞧不起人的話。

想把食材從冰箱拿出來，結果雞蛋全都掉下來摔破，不得不清理的時候。

東大控制術

用俯瞰視角觀察「煩躁的自己」放下煩躁，利用俯瞰力掌控局面

要隨時保持熱情的心和冷靜的頭腦。只要擁有能夠客觀審視自己的冷靜，就不會受煩躁的情緒控制，能夠好好分析狀況。並根據分析結果，進行正向的轉換。

A型 扮演一個品行端正的人

B型 把煩躁視為「人生的借款」

C型 問自己是「煩躁」還是「生氣」？

D型 強迫自己找出正面要素

A型 打造「理想的自我形象」，扮演「別人想看到的自己」，把扮演的自己當成原本的自己

各位知道史丹佛監獄實驗嗎？這是一個心理學實驗。

研究小組招募受試者，並把受試者分成兩組。一組是看守，一組是囚犯，打造出一個模擬監獄。他們讓這兩組受試者共同生活兩週，看守組扮演看守，囚犯組則扮演囚犯。並要求看守下達命令，囚犯服從看守的命令。看守組穿著看守的服裝，而囚犯當然是穿著囚服。而且囚犯還要實際被帶上警車，送往監獄。

當然，這只是一個實驗。這兩組受試者實際上並沒有上下關係。因此在正式開始

的第一天，雙方似乎都感到不知所措。

然而，隨著實驗進行，受試著開始積極地開始扮演各自的角色。據說看守對囚犯下達不講理的命令，表現出蠻橫的態度，有時甚至還會使用暴力。最後，原定為期兩週的實驗，只進行了六天就中止了。

我們可以從這項實驗中得知，人會成為自己所扮演的角色。創造「理想的自我形象」，雕琢出「想要呈現給別人看的自己」，並開始扮演那個角色。小孩也會裝成大人的樣子，成功人士也會被要求表現出成功人士的行為舉止。在扮演的過程中，我們會逐漸忘記自己在演戲，真的變成那樣的人。而這就是人類。

因此，如果你「想當一個不會生氣、待人和善的人」，就努力「演戲」吧。描繪出理想的自我形象，扮演那樣的自己。試著在生活中把自己完全當成那個人。

在心裡偷偷感到煩躁是沒關係的。只要不表現出來，別人就不會看出你在煩躁。此外，無論遇到什麼事，都要說「沒事」，假裝自己真的沒事。就這樣繼續演下去，你所扮演的自己就會慢慢變成真正的自己。演戲就是如此卓有成效。

讓我們一起來扮演品行端正又溫柔的自己吧。持續演下去，肯定會逐漸不再感到煩躁。

B型

無論結果如何，都要把它當成當下最佳的結果，把煩躁視為人生的借款，是為了獲得好結果而存下來的錢

我們是人，所以每天的心情難免不同。沒睡飽的時候、工作期限迫在眉睫的時候，難免會變得暴躁易怒，這是人之常情。

即使如此，為了盡量不表現出這種情緒，大家要在心裡默默地說：「我現在很煩躁，放鬆一點，沒事的。」

先承認煩躁的情緒，再稍微安撫一下自己。把自己的煩躁化為言語。光是這麼做，就能夠用客觀的視角觀察自己，讓躁動的情緒稍微平靜下來。

不過，有時候我們也沒辦法讓一切就這樣過去。遇到這種情況時，我會試圖**把這份怒氣當成「人生的借款」**。

在漫長的人生旅途中，每個人都會遇到幾次需要全力以赴、覺得「無論如何都想贏、一定要贏」的重大場面。例如，面臨考試、就業、結婚這種可能成為人生重大分歧點的事件時。

MIORI小姐會設法讓自己相信，自己總是能夠在這種關鍵時刻獲得最好的結果。

順帶一提，這裡刻意選用「最好的結果」一詞，其實並不一定是指考上或錄取第一志願。比方說，她第一次考東大的時候落榜了。雖然已經努力奮鬥，卻還是力有未逮，沒能突破錄取門檻。如果只看結果，通常大家都會覺得是「以失敗告終」吧。但是，她告訴自己，對當時的自己來說，獲得這個經驗就是最好的結果。為了在重大場面獲得最好的結果，暫時不要去計較日常生活中的小小霉運，以及令人生氣的事。

把霉運和不講理的事情全都視為「借款」，當成幫助自己在重大場面獲得好結果的存款，很多事情應該都會順利地運作起來。

C型

問自己究竟是「煩躁」還是「憤怒」，是「煩躁」就睡覺，是「憤怒」就去解決根本原因

推薦給C型人的方法是，問自己：「這個情緒究竟是煩躁？還是憤怒？」

大家或許沒有意識到，但其實「煩躁」和「憤怒」為兩種不同情緒，是目前最有力的說法。

哈佛大學正在進行分類情緒的研究，而「煩躁」和「憤怒」不見得會被歸在同一個類別，還有論文主張它們是兩種不同的情緒。

舉個例子，各位也許曾經對某個人的發言感到「煩躁」。可是，我們不知道這個

情緒究竟是不是「憤怒」。所謂的煩躁，是一種感到莫名煩悶的狀態，基本上，它通常不是針對某個單一事件或一個人產生的情緒，而是更廣泛且模糊的情緒。

另一方面，憤怒則是明確抱有無法容忍某件事的情緒的狀態，它通常是針對某個單一事件或一個人產生的，比煩躁來的具體。

如果是感到「憤怒」，通常只要找到憤怒的原因並好好處理就可以解決。然而，如果是感到「煩躁」，由於原因通常不大明確，這種情緒有時候會持續很久。

必須留意的一點是，煩躁會傳染，而憤怒則幾乎不會傳染給別人。不過，當自己感到煩躁的時候，有可能會傷害到其他人，煩躁的情緒也有可能影響到無辜之人。

反過來說，如果你感到煩躁，有可能是因為你處在「煩躁傳染狀態」。也許是某個人的煩躁情緒影響到你了。

如果你的情緒是「憤怒」的話，該做的事情就是好好解決根本原因。如此一來，憤怒就會消退。

不過，如果你的情緒是「煩躁」，它就像是被別人傳染的疾病，和感冒一樣。若是如此，你該做的事情就不是處理煩躁的原因，而是像治療感冒一樣，窩進溫暖的被窩好好睡一覺，等待煩躁消退。

仔細判別是憤怒還是煩躁，別弄錯處理情緒的方法！

D型 強迫自己從煩躁和憤怒中找出正面要素，將看似負面的事情轉換為正面

感到煩躁，就是你用負面觀點看待某件事的證據。

比方說，你闖了禍，受到很多人責罵。不過，因此感到煩躁也沒關係。你可以這樣想：「被罵之後抗壓性變強了。」或者也可以這樣想：「這次的失敗經驗也許會在下一次派上用場。不，我一定會好好運用它的！」

在重考過的東大生之中，有一個非常有趣的人，他用正面的態度看待不及格，認為：「每次不及格，都讓人更加期待及格的那一刻。」此外，還有一名東大生抱持這種想法：「雖然在大學的社團活動上遭遇失敗，但是自己在人生中還沒遭遇過什麼重

大的失敗，所以失敗個一次，會讓周遭的人覺得我是個好相處的人，想與人加深交情時，或許也可以分享這次的失敗事件，當成自我揭露的一環。」

這或許算是一種正向思考，也就是強迫自己找出正面要素，先從肯定一切的觀點切入的思考法。

就算內心深處認為是負面的也沒關係。試著努力從負面之中找出正面要素。這種思考會為你帶來寬廣的視野，而不是片面的看法。

比方說，你可以試著這麼做。

1 寫出自己此刻在所處環境中感到不滿的事情。

2 強迫自己從中找出正面要素並寫出來。

3 發生某個問題時，即使需要強迫自己，也要找出正面要素。

某個東大生實際採用了上述方法，他說，自己以前堅信在高中之前自己所處的環境只有負面要素，因此經常感到煩躁，然而在與校外學生交流時，他發覺：「咦？與別人相比，自己身處的環境似乎比較好？」「自己該不會是在浪費這種幸運的狀態吧？」於是開始以考東大為目標。

濱松醫科大學名譽教授高田明和先生介紹了一個多人舉槓鈴的實驗，作為「暗示可以提升表現的例子」。實驗人員在受試者舉槓鈴之前，給予對方安慰劑（沒有效果的假藥），並告訴對方「這個藥含有咖啡因」，接著再請受試者舉起槓鈴。在所有受試者當中，以為自己「攝取了咖啡因」的人疲勞感較低，舉起槓鈴的次數也增加了。

站在宏觀視角（＝俯瞰視角），強行將負面要素轉變成正面要素。光是這麼做，看待事情的角度就會意外地產生變化。

即使天空下了雨，自己也不必隨之陰霾，只要轉個念，讓內心的天氣自然放晴。

與討厭的人相處時無法不感到煩躁

例如這種情況……

不得不與討厭的親戚見面時。

愛炫耀又愛講別人壞話的朋友聯絡自己時。

不得已要跟有職權霸凌傾向、很難相處的主管說話時。

東大控制術

把對方視為與自己相同的人類，或者把對方視為別種生物停止「單純討厭」這種想法

只要認為對方是「討厭的、難相處的人」，事情就沒辦法順利進行，理解這一點後，看是要看在彼此都是人類的份上憐憫對方，還是把對方視為與自己完全不同的別種生物。

A型 把別人當作完全不同的另一種生物

B型 用上帝視角眺望人間

C型 找出對方身上值得同情的部分

D型 怒氣湧上心頭時，先等六秒

A型

把自己不爽的對象，當成在完全不同的星球出生長大的未知生物

各位敢吃陌生人捏的壽司嗎？

這是某電視節目針對一百個人進行問卷調查的問題。結果如下所示。

任何人捏的壽司都敢吃　36%
是家人捏的壽司就敢吃　44%
是戀人捏的壽司就敢吃　8%
不敢吃　12%

任何人捏的壽司都敢吃的人占了36％。

有多少人對這樣的結果感到意外呢？不介意的人可能會覺得：「這麼少嗎!?」反之，生理上無法接受的人可能會覺得：「咦，這麼多嗎？」

之所以會提到這個問卷調查結果，是為了讓大家了解，其實每個人意外地都帶著不同的價值觀在生活。

換句話說，試著把別人當成跟自己完全不同的生物看待吧。現在讓你生氣的，可能是一個成長背景、思考方式和價值觀都跟你完全不同的生物。有時候這樣想會比較輕鬆。

有句話說：「爭鬥只會發生在相同水平的人之間。」意思就是說，「因為對方和自己站在同一個水平上，才會感到生氣」。因此，大家該做的，就是先告訴自己「對方和自己不一樣」。

在東大真的會遇到各式各樣的人。說實話，也會遇到那種一直以來光顧著讀書而缺乏一般常識的人。

不過，我們可以接受那樣的人，繼續過著大學生活。為什麼呢？因為東大生並不介意「與自己不同的生物交流」。正因為對方是與自己不同的生物，才有值得學習的部分，東大生會抱著這種想法與他們互動。

像這樣帶著學習的心態試著與不同的生物交流，也不失為一種手段！

B型　在討厭的人和自己之間放置一塊看不見的玻璃隔板，或站在上帝視角俯瞰人間

不管你再怎麼溫柔，再怎麼有人望，都一定會有人跟你合不來或討厭你。既然我們是一個獨立個體，是不同的個人，就很難受到所有人喜歡。

遇到這種情況時，ＭＩＯＲＩ小姐重視的是「盡可能與討厭的人保持距離」。

如果大家有討厭的人，而且在那個人面前沒辦法保持平常心，就盡可能與那個人所在的環境保持距離吧。雖說如此，大多數的學生或社會人士，都要在團體之中扮演

自己的角色並以此為生，因此我想通常沒辦法完全保持距離。遇到這種情況時，MIORI小姐的建議是，想像在自己與對方之間放置一塊玻璃隔板。

舉例來說，在水族館看著水槽中的魚時，與其說是「對峙」，感覺應該更偏向「觀察」吧。而你肯定會產生「游得很有活力呢～」、「有隻魚一動也不動，是不是身體不舒服～」之類的感想。你只是看著魚而游來游去，不會產生不舒服的感覺，應該也不會感到煩躁、惱怒。

剛才說的「隔著玻璃隔板的人際關係」與這種狀況很類似，只要用一塊看不見的玻璃隔板隔開對方，就能從稍微遠一點的視角「觀察」對方。如此一來，就算對方嘮嘮叨叨地念個不停，你也可以事不關己地想著「啊，他在碎碎念」、「他在唸我耶～」，心情會輕鬆不少。這就是把對方當成水槽裡的魚的方法。

除了「玻璃隔板」的方法以外，我也很推薦想像從正上方俯瞰自己的思考方式。也就是拋開當事人的身分，以俯瞰的視角觀察當下發生的事情。此時，你就是從天上俯瞰人間的上帝視角。試著把自己當成上帝，俯瞰凡間吧。如此一來，你就會心想「啊，這個人（對方）一直在講自己有多厲害耶～」、「這邊的人（自己）還得一直聽他說，感覺好辛苦～」，這樣也許就可以用事不關己的旁觀者心態，看待那些從當事人視角來看會很討厭、不想接觸的人的行為。

C型

找出對方身上有人性、值得同情的部分，就算只是在心裡想，也要抱持願意去理解另一個人的態度

推薦給C型人的方法與先前相反。給A、B型人的建議是把對方當成「另一種的生物」，而採取完全相反的策略，「找出對方身上有人性的部分」也是一種方法。

只要是人類，就一定會有喜歡和厭惡的情緒。因為人類是感情動物，所以難免會情緒化。不過，我認為我們不該因為一時的情緒，讓自己蒙受損失。

不得不和討厭的人共事的時候，我會去想像對方的狀況。

從年齡、立場、家庭成員這些條件中，試著找出同情對方的理由，想像「如果自

己站在和他相同的立場，可能也會表現出這種態度」……如此一來，原本無法理解的對象就會突然充滿人性，你也可能會對他產生親切感。

《The role of per－spective taking in anger arousal》這篇論文的研究結果顯示，同樣都是「共情」，獲得「站在對方的立場思考」這個觀點並思考，能夠削弱自己的怒氣。站在「對方的立場」為對方想，有助於抑制怒氣。

舉例來說，「雖然對他遲到的事有點生氣，但是他很早就出門了，是因為電車誤點才會遲到，錯不在他」、「他可能是身體不舒服，去問問看好了」，試著這麼想，對他生氣的情緒就會平息。

與其斷定對方是無法理解的機器人，不如抱持願意去理解另一個人的態度，就算只是在心裡想想也好。如果在過程中發現對方是個可憐人的話，以後就算對方對你說了討厭的話，你應該也不會往心裡去了。

D型 當怒氣湧上心頭時，要避免衝動行事，在腦中默數質數，等待六秒

對某個人感到生氣的時候，最重要的是**「避免衝動行事」**。放任自己在憤怒的狀態下發言，是不會有什麼好事的。

正因如此，當怒氣湧上心頭的時候，必須先「數六秒」。這是一種憤怒管理方法，也是很多人採用的方法。

據說，**無論你的怒火有多猛烈，其實情緒的巔峰最長也只會持續六秒**。只要能撐過這六秒，衝動行事的機率就會大幅降低。

正因如此，當你感覺到怒氣湧上心頭的時候，一定要先等待六秒。在這六秒內，請實際在腦中默數「一、二、三……」。過了六秒後，頭腦就會不可思議地冷靜下來。

至於東大生會在這六秒之間想些什麼呢？據說通常是在數質數。「二、三、五、七、十一、十三、十七、十九……」像這樣不斷往下數質數。質數是除了一和自己以外，無法被其他自然數整除的特殊孤獨數字，數質數會讓頭腦慢慢冷靜下來。而且還能加強數學能力，可以說是一石二鳥。

除了質數以外，也可以試著在腦中默念喜歡角色的台詞或是名言，任何東西都可以。

OMG!!
TO DO LIST
□掃除
□洗濯
□ゴミ捨て
NO!!
アッチャー

第5章

面對倦怠和提不起勁的狀況

忙著工作、家事、帶小孩等等，大家每天都辛苦了。正因為平時事情很多，才會出現提不起勁的日子。有時候只要出了一點小差錯，就會什麼都不想做了，想要直接撒手不管。即便想要提起幹勁也沒辦法……有的時候就是會這樣，對吧？讓我來告訴各位，東大生遇到這種情況時會怎麼做。

碰到一點點討厭的事情就會感到倦怠，什麼事都不想做了

例如這種情況……

因為電車誤點，自己和伴侶規劃好的旅遊行程從一開始就泡湯。

正在製作提報資料時，資料突然全部消失。

在煮飯途中發現缺少一個材料。

東大控制術

知道自己設定的標準有多高，容許「失敗」、「隨便」和「最低限度」

可能是過度追求完美，也可能是對自己要求太高。請寬以待人，寬以待己。試著放寬標準，降低及格水平。

A型 有節奏地打蛋

B型 過七十分的生活

C型 利用長期堅持的事情向前邁進

D型 設定雙重目標

A型

只要能獲得「做到了！」的感覺，無論做什麼都好，有節奏地打蛋……一直打、打個不停！

這是東大生實際運用過的有趣解決對策。

這個方法就是「打蛋」。如字面所示，先去超市買十顆蛋回來。接著到廚房，把那十顆蛋一個一個仔細地打進碗裡。可以把十顆蛋都打進碗裡，用來烹飪或烘焙點心。總而言之，就是要親手打蛋。

應該會有很多人心想：「啊？這麼做有什麼意義？」不過請大家先不要多想，試著做做看。我想你應該會感受到一點爽快感，還有一種莫名的滿足感。有節奏地打蛋是很有快感的一件事，會讓人產生「完成一件事」的感覺。

「沒幹勁狀態」會發生在努力沒有換來成就感的時候。覺得自己做了也沒意義，不想再努力了……這就是「沒幹勁」的根本原因。因此，我建議各位去做能讓人產生「做到了！」的感覺的事情，無論是什麼都好。

其實，這也是精神科醫生建議用信用卡大量消費的人執行的方法。過度消費的人通常都是為了獲得「買東西的感覺」才去購物的，而「打蛋」能夠讓人藉由觸覺獲得「完成了某件事的感覺」，因此非常有效。

先前在P112提過「自我效能」，而這件事也和自我效能有關。這是一種能夠輕易獲得爽快感的技巧，它會成為小小的成功體驗，讓人產生「來做下一件事吧」的想法。

除了打蛋以外，只要是能帶給人「完成感」的事情都可以。有一種包裝材料叫「氣泡袋」，壓破它上面的氣泡也是個不錯的方法。市面上甚至還出現了「無限氣泡袋」這種商品。我自己也有好幾個。

還有一種包裝材料叫空氣袋。戳破幾個空氣袋感覺也很不錯。「完成感」應該會伴隨著「碰！」的爆破聲產生。希望大家也嘗試看看。

B型

為自己的生活打分數，將「七十分生活」設為目標，或是意識到其他人活得多麼隨便

很多東大生都有完美主義。完美地達成目標就是一切，除此之外都算是失敗。正因為抱有這種想法，他們才不能接受「八十分左右就好了」，有時也會和這次的煩惱主題一樣，陷入「遇到一點點失誤或討厭的事，就想全都撒手不管」的情況。

正因如此，最重要的是放下完美主義，採用新的思考方式。

舉例來說，有些東大生明明沒有考試，卻會把自己當成考生，想像每天過著「幾分」的生活。「今天玩過頭了，所以四十分」、「完成○○，所以七十分」，他們會像這

樣為自己的每一天打分數。

這樣的話，滿分的日子肯定很少吧。有時候是七十分，有時候是五十分，也有三十分的時候。

因此，我們要以「度過七十分的每一天」為目標來生活。一直過著如滿分一百分的完美生活，對人類來說是不可能的任務。但是在這種時候，預設「七十分的每一天」來過生活，痛苦就會慢慢減少。

我建議先決定好範圍，決定好不用完美主義也無妨的部分。比如說，製作沒有人會仔細看的資料時，無須認真地追求完美。除此之外，還有和工作無關的私人聯繫、熟悉的同好聚會主辦人……找出自己認為不用發揮完美主義也無妨的領域，並以七十分為目標。決定好範圍之後，肯定能夠慢慢放下完美主義。

另一個推薦的方法是，在打分數的同時，去理解「周遭的人都過得比我們想像的隨便」。

這同時也是MIORI小姐採用的方法，她說她是為了放下完美主義，而去觀察周遭的人，理解與自己不同的想法。

比如說，自己非常在意某一個失誤，然而周遭大多數的人其實都不在意。雖然從美學的角度來看，在意這些部分是很棒的，但是沒什麼實質意義。請大家像這樣與外界仔細進行比較，逐步調整自己的完美主義。

追求完美並不是壞事，但如果追求完美會讓自己痛苦，就要盡量避免。要知道，「隨便」也是很重要的！

C型

沒有任何事情是沒意義、白費的，瞭解這一點，並以長期堅持的事為動力向前邁進

有時候，自己所做的一切會突然失去意義，讓人變得什麼都不想管，陷入停止運作的狀態。

我從小就喜歡打電玩，當存檔消失、遊戲片或記憶卡遺失的時候，我就會全身失去力氣，覺得過去所做的一切全都化成了泡影。

各位有沒有過類似的經驗？是否曾經覺得自己過去所做的一切全都事浪費時間呢？

然而，那些事情並非全是白費。甚至算是捷徑。

就算遊戲存檔消失，由於我還記得一部分第一次玩時走的路線，所以破關的速度更快了，而且因為比較從容，也開始能在過程中探索主線劇情以外的路線了。這出乎意料的玩心更凸顯出了遊戲的魅力，甚至還能夠在我進入存檔消失前尚未抵達的關卡時提供幫助。

這個道理也能運用在讀書或工作上。即使模擬考的結果或工作成果與半年前無異，覺得自己沒救了，你所做過的一切一定都會化為你的力量。如果半途而廢的話，不覺得以前花在這上面的時間都浪費了嗎？

有東大生說，自己是每天早上六點起床才考上東大的。他決定要好好利用早上的時間，於是開始每天早起。他以前對任何事情通常都是三分鐘熱度，但是只有每天早上六點起床這件事，不管發生什麼事他都會堅持下去。有時候功課做不完，熬夜到凌晨五點，但他還是想辦法一樣在早上六點起床。據說他藉此建立了「自己能夠堅持做一件事情」的自信，早上讀書的習慣也得以維持，最後考上東大。

堅持做一件事具有重大的意義，在不顧一切地堅持做一件事的過程中，你會逐漸變得有自信。

請意識到那些從過去一直持續到現在的事。我想這樣應該會使人稍微產生一點幹勁，覺得「雖然不想做，但還是稍微努力一下吧」。

D型

設定至少要達到的「最低目標」，以及要盡最大努力去達成的「最高目標」

有時候，就算設定了目標也無法達成。明明目標是做完三十頁習題，最後卻只做了十五頁……這種事情是相當常見的。雖然想追求完美，但目標卻成了一種理想，根本沒辦法完美達成。事情進展不如預期，最後變得什麼都不想做。

會產生這種煩惱，基本上都是因為目標設定得太高。通常都是因為「根本做不到！」而放棄去「做」，對吧？我認為這就是導致三分鐘熱度的原因，當你設定了「每天仰臥起坐一百次！」這個目標，前兩天還能達成，而第三天看起來沒辦法達標……不知道為什麼，這時候人們通常不會想說「那就做九十次吧」，而是傾向於選擇「直接放棄」。

然而，若是因此設定過於簡單的目標，又會畫地自限。要是說「只要做十五頁就好」，人就只能做到十五頁。因此，雖然想把目標設高，但失敗的時候又會心情沮喪，沒辦法達成目標……這樣的情況應該相當多。

遇到這種情況時，我建議設定**雙重目標**。這是不少東大生都在用的方法，也就是**將至少必須達成的基準設定為「最低目標」，最高的達成基準設定為「最高目標」**。

因為設定了最低目標和最高目標，只要做到兩者「之間」的程度，某種程度上就算是達成了目標。如此一來，目標就不會過低或過高。

只要知道「最少必須達到的基準」，當你達成它的時候，在某種程度上就算是完成了目標。只要設定好這個基準，就不會變得什麼都不想做。

如果把最低基準設定為「至少做三十次仰臥起坐」，就不會再發生「直接放棄」的情況。

舉例來說，「至少要做完十五頁習題，如果可以的話，就做到三十頁」，像這樣設定兩個目標。此外，不用數字設定目標，以大概、抽象的方式設定目標也沒問題，例如「在這一個月裡，至少要完成這項工作。如果可以的話，最好連另一個工作也一起完成」。無論是什麼都好，請要養成設定兩個目標的習慣。

有一點要請大家注意，就是最低目標要設定一個能夠確實達成的基準。如果「最低限度」的基準太高又模糊不清的話，就沒有意義了。而達到最低基準後，我們就要繼續往下一個目標前進。

怎麼樣都提不起勁，沒有動力

例如這種情況……

和家人一起住的房間亂七八糟，明明知道要整理，卻一直沒有動力行動。

工作太多，感覺永遠做不完。

假日在家無所事事，打算出門晃晃，卻遲遲沒有動力梳妝打扮，做出門的準備。

東大控制術

偶爾也可以試著放下一切！認清自己做不到後，採用系統化的方式處理

有時候我們必須放下一切。建立「列舉」、「剩下一點點」、「數值化」等解決問題的系統，依循規則，機械式地提升幹勁。

A型　先放棄一切

B型　列舉提不起勁的原因

C型　從「剩下一點點」著手

D型　用數字呈現距離目標還有多遠

A型 該讀的書、該做的工作與家事……總之先放棄一切，製造出激發動力的特效藥「焦急」

從高中三年級到第二次重考的三年之間，我專心致志地埋首於讀書。盡己所能地把所有時間都花在讀書上，終於成功考上東大。不過，苦讀長達三年，總會遇到沒幹勁的日子。提不起勁做任何事的時候，該怎麼辦呢？

很簡單，就是放鬆。

以我來說，我會暫時放下讀書這件事，去打電玩、玩桌遊，或是出門購物……努力從讀書這件事中抽離。

這根本沒有真正解決問題，對吧？不過這種「逃避」行為其實是一種特效藥。

因為，當我放下堅持至今的讀書去玩樂時，反而備感壓力。雖然玩樂能暫時紓壓，卻無法真正解除壓力。對考生而言，只要目標未達成，在他人努力時選擇休息，就會產生「被超越」的焦慮。我也曾在玩樂時感到不安，最後回家爆發式地讀書。

放棄讀書這件事，其實是激發讀書動力的特效藥。

在該讀書的時候跑去玩，是沒辦法好好享受的。以結論來說，在逃避某件事的狀態下，就算跑去玩樂，也不會覺得有意思。因此唯一的解決方法就是好好面對，不要逃避。弄清楚這一點後，你就不會再逃避任何事情，能夠好好面對一切。

考生在考完試之前，終究是沒辦法解脫的，所以排解備考壓力的最佳方法就是讀書。

B型

把提不起勁的原因寫在紙上，進行自我分析，或是舉辦個人活動，「自己讓自己開心起來」

每一天都過得超乎想像地怠惰，這種事情很常見，對吧？如果只是一、兩天，我們應該只會覺得：「自己可能是累了吧……」但若是長期持續下去，就難免令人煩惱了。

有人說過：「能夠掌控動力才算是個大人。」話是這麼說，但是即便如此仍提不起勁的話，就沒轍了。

遇到這種情況時，東大生會在尋找提升幹勁的方法之前，先思考「沒幹勁的原因」。

具體上要怎麼做呢？先準備好用來寫字的紙張，比如空白的筆記本、活頁紙，或是廣告傳單的背面，寫出讓自己感到倦怠的原因。

舉例來說，提不起勁整理房間，並不是單純因為不想整理，背後的原因有可能是整理好了也不會有任何人對自己表達感謝，令人覺得空虛和徒勞。

假日提不起勁梳妝打扮，做出門的準備，可能是因為最近變胖了，覺得適合的衣服變少了。

提不起勁煮飯，可能是因為自己會把煮飯跟平常買外帶或在外面吃飯的方便性做比較。

了解到這個程度後，就能夠思考解決對策了。如果是整理房間無法得到讚賞，就去拜託某個人「稱讚」自己，想一個只要自己能持續做某件事，就給自己獎勵的方法。如果是因為變胖而找不到合適的衣服穿，也許可以再買一些合適的衣服。如果是因為覺得麻煩而提不起勁煮飯，也許可以買一本省時料理的食譜。

若是找不到根本的解決方式，最起碼也要以讓自己的心情好起來為第一考量。

舉例來說，我們可能沒辦法解決工作太多這件事本身，但是為了讓自己帶著比較愉悅的心情處理工作，可以去附近的咖啡廳買杯好喝的飲料，或是去別緻的店裡吃一頓奢侈的午餐……這些都是有效的方法。

ＭＩＯＲＩ小姐做過一件有趣的事。她曾在有事得做卻提不起勁的時候，舉辦一個短期的「個人活動」。

這個方法的內容是，設定好「做了○○就得到一個點數」，並根據得到的點數給予自己獎勵。自己製作一張類似店家在用的那種集點卡，蓋印章集點；或是製作一張類似賓果遊戲的卡片，在格子裡填上工作項目，想辦法連成一線。當事情做完，集好點數後，就給予自己獎勵，例如買自己喜歡的東西，或是去吃想吃的東西。

另外，慢慢把錢存進存錢筒也是個好主意。準備一個瓶子，往裡面放彈珠，這也是MIORI小姐推薦的方法。當瓶子裝滿大量的彈珠，就會變得閃閃發亮，自己的努力會化為看得見的形體，看了之後會覺得「原來自己這麼努力」。

利用這些巧思，我們可以用遊戲的方式來做事，稍微提升一些動力，並讓自己更享受其中。

C型

在該做的事還剩下一點的狀態下去睡覺，降低隔天踏出第一步的難度

在讀書和工作方面，從零開始都是最辛苦的。

比如說，我們不會一大早起床就馬上說「好！開始讀書！」，對吧？大家應該都曾有過「好睏！」、「不想做事！」、「不想去上學！」的念頭。

因為萬事起頭難。

因此我建議大家「剩下一點點」。也就是在前一天留下一點點未完成的工作或讀書進度，隔天從「剩下的部分」開始的方法。

我會在晚上做數學或英文習題，做完後直接去睡覺。還沒對答案就直接去睡。

這樣一來，早上就會好奇「昨天那些題目有沒有做對」。由於對答案並不是什麼耗時費力的事情，於是我就會心想，至少先對一下答案吧。

接下來，如果有答錯的題目，就會好奇「這一題為什麼會錯」、「奇怪？我怎麼會寫這個答案？」如此一來，就會想去看看詳解、翻翻參考書，這樣就能夠繼續讀書了。如果全部答對的話，也會心想「太好了！這是個好兆頭！繼續努力吧！」，憑著這股氣勢開始一天的奮鬥。

另外，請回想一下打掃時的狀況。一開始你可能會覺得很髒亂，覺得打掃很麻煩而提不起勁，但是想著「總之先處理書桌周邊就好」，試著降低難度，著手打掃後，房間就漸漸變得乾淨，回過神來就把好多地方都打掃乾淨，來了一次大掃除，各位有過這種經驗嗎？同樣道理，最關鍵的部分就是「第一步」。只要盡可能降低第一步的難度，接下來就能夠保持衝勁，繼續往前邁進。

「第一步最為關鍵」這件事，也可以用心理學來解釋。不管原本有沒有幹勁，只要你開始行動，自然而然就會產生幹勁，能夠輕鬆地持續下去，這種心理現象稱為「作業興奮」。先試著做五分鐘是很重要的。

請各位務必實踐看看，這個利用一開始的五分鐘，讓後續保持衝勁的「剩下一點」方法。

D型　還差多少才能做完工作、做完家事、讀完書，量化呈現距離目標還有多遠，管理進度

其中一個提不起勁的原因，是「看不到終點」。

有一個實驗是這樣的。一組不給任何目標，直接請受試者做伏地挺身，另一組則宣布「目標是一百下」，並不斷地喊「還剩十下！」、「還剩三下！」，結果用數字明確呈現出目標的那一組受試者明顯堅持得更久。「再做三下就完成一百下了啊。那就試試看吧！」——就像這樣，當努力的事情有一定的數字目標，就更容易持續下去。

人只要擁有明確的量化目標，能夠看到距離終點還有多遠，就會湧現幹勁。

我想應該很少人會把自己正在進行的工作或讀書進度想成登山，在努力的同時想著自己現在爬到幾合目※、距離山頂還有多遠吧。注意「自己做到哪裡了」是非常重要的一件事。

因此我建議各位進行「進度管理」。也就是管理自己目前進展到哪裡。

為了進行進度管理，首先讓我們來「用數字」釐清目標吧。思考各種量化目標，它可以是企劃書的份數、文字數、所需時間、剩餘頁數，然後選擇一個做為目標。

抱著「總之先工作」的心態開始著手，是很難取得進展的。要量化自己的目標，例如「再三十頁就可以讀完這本書」或「再五小時應該就可以完成這項工作」。像這樣營造出知道自己目前進展到哪裡的狀態，就能維持幹勁。

另外，也很建議用手帳或Excel記錄並整理當天的進度。只要用文字明確呈現出「目前進展到哪裡」、「還剩下多少」，就能提升幹勁。請各位務必一試！

※譯註：表示登山路程的單位。

意志力薄弱，禁不起誘惑

例如這種情況……

明明已經決定凡事靠自己，不要依賴家人，卻還是忍不住拜託家人幫忙。

明明決定要在今天處理某項工作，卻在同事的邀請下中斷工作，跟大家一起去喝酒。

明明假日有該做的家事等等，卻禁不起誘惑，看電視劇或電影看個不停。

東大控制術

藉由別人的目光、地點、時間、理由……利用例行公事來約束自己

要先有「自己是懶惰鬼」的自覺。接著，在生活中加入例行公事，以確實約束自己，藉由培養習慣來約束身心。

A型 思考做這件事的理由

B型 用別人的目光來約束自己

C型 養成在某個地點固定做某事的習慣

D型 事先定好「做討厭事情的時間」

A型

思考做這件事的理由、做了能得到什麼好處，如果找不到，就把它當成「不做也沒差的事」

請讓我稍微聊聊腦科學。幹勁這個東西，與大腦的「島葉」大有關係。

簡單來說，它是負責幫人類「計算得失」的部位。「很難產生幹勁」的人，通常都是這個部位過於活躍。因為過度計較得失，所以會先產生「為什麼我非得做這件事」的想法。

反之，對任何事都很有幹勁的人不大會去計較得失，所以即使不思考「為什麼要做」，也能展開行動。

簡而言之，**提不起勁並不是因為「沒有幹勁」，只是因為「沒有做的理由」而不願採取行動**。

「對自己或別人來說，做這件事到底有什麼好處？」在沒弄清楚這一點的情況下，是不會萌生「去做」的想法的。就算想要提起幹勁，也無法如願。

說到底，幹勁經常都是在做事的過程中慢慢湧現的。

參加運動社團的每個學生都從一開始就幹勁滿滿地進行跑步和重量訓練，這種事情應該不大可能發生。練習期間搞不好還會覺得很無聊。但是和加入社團的朋友一起行動、在比賽中獲勝或落敗之後，就會慢慢覺得「好玩」，湧現幹勁。因此，對正在進行跑步訓練的人說「很好玩吧！拿出幹勁！」是毫無意義的。

我們需要的是，知道跑步和重量訓練會帶來什麼好處，理解做這些事的意義。

因此，讓我們先來弄清楚理由吧。想想看做這件事對自己來說有什麼利益，能得到什麼好處。反過來說，如果沒有任何好處，那做這件事也許是沒有意義的。想辦法不去做這件事可能更有建設性。

順帶一提，有東大生表示，他是計算過讀書的時薪後才來讀東大的。

計算生涯收入後，國民平均年收入和東大畢業生的年生入差了多少，各位知道嗎？據說大概差了一億八千萬日圓。

讓我們把這個金額換算成時薪吧，據說考上東大所需的讀書時間約為三千小時，因此我們用一億八千萬日圓除以三千小時，可以算出讀書的時薪大約是六萬日圓。時薪六萬日圓的話，肯定會有幹勁吧。

試著做做看這種迫使自己產生幹勁的換算，也不失為一個辦法。加油吧！

B型

依情況區分「真正必須做的事」、「其實不必做的事」，或是營造「會丟臉」的環境，用別人的目光約束自己

東大生並不一定都是意志堅定的人。他們也經常受到外界的誘惑，煩惱著是否要放棄原本決定好的事情。

這種時候，MIORI小姐採用的方法是「先區分情況」。光是這麼做，就可以讓自己那顆快要輸給誘惑的躁動內心，在某種程度上平靜下來。

具體上要怎麼做呢？首先，請將誘惑分成兩種情況。也就是區分你打算去做的事情屬於「真正必須做的事」，還是「其實不必做的事」。

會禁不起誘惑，搞不好是因為那件事的重要性不強，導致注意力被誘惑吸走，那件事對現在的自己來說可能不是真正必須做的事。

假設你下定決心要減肥。剛下定決心的時候，你意志堅定，幹勁十足地想著這次一定要成功！但是一天、兩天、一週過去，決心逐漸減弱，不知不覺間就不了了之，過回平常的生活了……你有過這種經驗嗎？如此一來，就會對於連自己決定的事都做不好的自己產生不悅感，陷入自我厭惡。

然而，重新審視一下這件事並仔細思考後，通常都會發現內心深處的狀態是「雖然減肥比較好，但是沒減成功也不會怎麼樣」。

「不，這是真的必須做的事。至少我想這樣認為並努力去做。」如果在這種情況下，我建議各位寫下真的必須去做這件的理由。列出做這件事會得到的好處，以及不做這件事要承擔的風險，讓自己產生「不做就糟了」的感覺。

此外，在大多數情況下，自己一個人抵抗誘惑是很困難的。遇到這種情況時，藉由向別人宣告、注意別人的目光來防止挫折也是個有效的方法。人類是社會性動物，所以有時候在別人的目光下做事，會比一個人做事的時候更能發揮自己的實力。

舉例來說，有一個工地，在牆壁上貼著「人眼」形狀的貼紙。據說他們這麼做是因為，當工人在工作時意識到「有人在看」，就不容易出現失誤。與沒貼眼睛貼紙的工地相比，有貼貼紙的工地事故率似乎也較低。

因此我建議各位「利用別人的目光來約束」自己。事前向大家宣言「我要在○日之前做○！」，然後你就會覺得「既然都說了，就必須努力……」、「失敗會很丟臉……」，陷入沒有退路的狀態。

很多東大生也都會在補習班或學校的自修室讀書。雖然在家裡會比較專注，但是待在有別人目光的空間，讀起書來會更有效率。然後，跟那邊的輔導老師或老師打好關係，營造出對方會跟你說「明天也要來喔」，而沒去的話就會被問「昨天為什麼沒來？」的狀況。

也有很多東大生擁有記錄每天活動的社群平台帳號，營造出只要偷懶就會被別人發現的狀態。

為了考上東大並獲得旁人的支持，他們會在部落格、X（原Twitter）或YouTube上發表自己的讀書記錄。

這樣的人考上東大的比例也比一般人要高。X和Instagram上有特別多這種被稱為「讀書帳」的考生、重考生帳號，他們會在上面公布自己的讀書記錄和成績，互相交流。也有很多東大生會創建這種帳號來讀書。

那麼，具體來說，這些學生究竟可以從這樣的行為中獲得「什麼」呢？像這樣把自己展示給別人看，具有什麼正面效果嗎？

那就是「會感到丟臉」。

舉個例子，立志考上大學的X帳號非常多。他們會把自己的志願學校、模擬考成績、排名或分數的照片上傳到那個帳號。不斷把自己的讀書記錄和成績上傳到X，把自己答得出來和答不出來的問題、好成績和壞成績，都公開出來。

如此一來，就能夠輕易地在社群平台上，找到和自己持有相同目標但成績比自己好的人，或是能夠輕鬆解開自己解不開的問題的人。反之，也能讓別人看到自己的丟臉錯誤。

只要有「丟臉」的意識，就會產生「我到底在做什麼啊」、「自己也要好好努力才行」的想法。

利用「丟臉」的情緒，讓自己即使在沒有幹勁的時候，也能繼續努力下去。請大家務必試試看！

C型　在除了「休息場所」以外的地點，把該做的事情定為例行公事，或是維持站姿處理工作

有時候，就算像剛才的回答一樣找到了「去做的理由」，還是沒辦法產生「去做」的想法。這是為什麼呢？

這可以說是因為沒有建立習慣。

如果一件事情重複了無數次，就會成為習慣，我們會幾乎無意識地採取該行動。

舉例來說，應該沒有人會在踏進浴室後，還要仔細思考「要先做什麼」才開始洗澡吧？從浴缸中舀起熱水，或是使用洗髮精、潤絲精，雖然行動有很多，但我們幾乎

都是在沒有意識的情況下自然而然採取行動的。因為當我們反覆做了很多次這些事之後，就會形成身體記憶。

同理，學校或公司會帶給我們工作場所的印象，實際上，除了自己以外，其他人也都在讀書或工作，所以在該處活動已經成了「習慣」。無論是讀書還是工作，都可以在無意識中進行。

然而，在家工作並不是例行公事。在自己心裡，家裡已經有了「休息場所」的既定印象，我們並未養成在家讀書或工作的習慣。

那麼，在這種情況下，東大生都是如何養成在家讀書習慣的呢？

最有效的方法，是在客廳或走廊讀書，不要在自己的房間。自己的房間已經有了

「休息場所」的印象，有了休息這個例行公事。摧毀長年培養而成的習慣需要花很多時間。因此要在還沒有例行公事的地方培養習慣。很多東大生都是待在客廳，在父母、兄弟姊妹都在做其他事情的環境下讀書。有人在看這件事會令人產生緊張感，而且在客廳培養讀書習慣，比在自己的房間容易好幾倍。在通常情況下，我在客廳讀書的效率也高於在房間讀書，所以我總是在客廳讀書。

另外，**如果你只能在自己的房間工作或讀書，我建議你「站著做事」**。坐在椅子上或躺在床上工作，很容易直接進入休息狀態，但是我想應該大多數人都不習慣站著做事。正因如此，才能夠建立「站著做事」的習慣。

有不少東大生都會站著看書或寫論文，而且，其實我現在也是站著用手機在打這篇文章。

覺得效率不佳時，建議換個地點或姿勢，建立在該處做事的習慣。請各位務必一試。

D型

在心裡定好「做討厭事情的時間」，在那個時間設定鬧鐘，養成習慣

當人遇到不想做的事情時，就很容易拖延。與討厭的主管談話、不喜歡的科目、不擅長的庶務工作……每個人討厭的事情各有不同。

為了下定決心「去做」這些事，我建議事先定好「做不想做的事情的時間」。事先決定時間，將其變成例行公事。

例如，我會設定鬧鐘在晚上八點的時候響起，規定自己無論多麼不情願，這時候都一定要坐在書桌前讀書。像是「雖然很討厭回覆電子郵件，但是到了早上九點還是

要回」或「雖然討厭打電話，但是到了下午三點還是要打」，在自己心理設定好做討厭事情的時間，並建立遵守此時間的機制，這種方法非常有效。

只要事先決定好「如果怎樣就怎樣」，身體就會自然而然動起來，這是動物具備的基本能力，稱為「條件反射」。

也可能是因為這樣，有些東大生和我一樣，會在開始讀書前設定鬧鐘。把它當成學校的鐘聲，用聲音來區分自己的私人時間以及讀書、工作的時間。

如此一來，就會更容易下定決心開始做事。設定某個時間該做的例行公事，讓行動成為習慣吧。

ふだんは…
いつものほうがよかったってこと？
いつもと雰囲気ちがうね…
www
ルーズだなあ♪
元カレ
ア～

第6章

不要一直糾結過去的事情，被後悔的情緒掌控

後悔盤旋在心頭，想忘卻忘不掉，
懷著始終無法釋懷的情緒，
心想「我怎麼會做出那種事……」
沒辦法轉換心情，什麼事都做不了，
注意力無法集中，大家都有過這種經驗吧。
本章彙整了東大生避免自己受到負面情緒控制，
為了向前邁進而採取的行動。

受到責罵或批評後，就一直耿耿於懷，感到沮喪，沒辦法轉換心情。以為自己終於忘記的時候，又會想起來

例如這種情況……

私生活

想起甩掉自己的前男／女友，感到心情鬱悶。

朋友

與朋友相約時遲到，朋友開玩笑地隨意說了一句「○○還真是散漫啊♪」，自己就一直耿耿於懷。

工作

主管嚴厲指責自己的失誤時。

東大控制術

利用時代軸、理由軸、時間軸來排除「介意」的感覺

要讓自己不再介意，就得換個方式思考。因此要利用時代的差異、必要性的差異、應該專注的時間差異、過去的自己和現在的自己。

A型 認清彼此是活在不同時代的人

B型 果斷放下，根本不用在意這種事

C型 讓意識專注於「當下」

D型 把過去的自己當成別人

A型

冷靜分析時代背景和對方所處的環境，要具備只接受自己真正錯誤之處的氣度

我也經常在遭到責罵或批評後無法轉換心情。愈是認真老實的人，肯定愈容易怨嘆自己的不足之處，為此感到煩惱，並把這些情緒悶在心裡。

不過，傾聽別人的意見雖然重要，但也必須判斷是否該將那些意見照單全收。因為對方的指責，有可能只是對方所認為的常識和你的行為有所出入而產生的不和。

我現在和比自己小八歲的東大學生一起工作，深深感受到彼此的價值觀完全不

同，常常出現雞同鴨講的狀況。就連相差不到十歲的我們都有代溝了，像親子那樣年紀相差許多的人，彼此的價值觀當然會不一樣。

而且，四、五十歲這個世代的許多人，都是一輩子在同一間公司效力。考量到他們人生中連結最緊密的共同體就是自己效力的企業，那間企業的文化可能早已和他們自己的價值觀融為一體，在沒有更新社會普遍價值觀的狀態下，他們甚至可能會直接把二、三十年前的常識強加於現在這個時代。

舉例來說，最近會在筆記本或手帳上做紙本筆記的人愈來愈少了，對吧？對現在的年輕人來說，用電腦做筆記是很正常的事情，甚至連上學的時候都會用平板電腦做筆記。二十年前理所當然的事情，完全不適用於現在。所以「拿紙來寫筆記！」這種要求已經跟不上時代了。不過，「要做筆記！」這件事本身還是應該傳達的內容。**我們必須根據時代、根據對象選擇說話方式**。

在思考過時代背景和對方所處的環境後，冷靜地接受自己真的做不好的地方、可能導致對方不悅的地方，**只要表現出自己不會採納沒有參考價值之意見的態度即可**。

只要記住批評的內容，並表現出一點自己有在實踐的樣子，對方應該就會覺得：

「哦，有把我說的話聽進去耶。值得讚賞！」

另一方面，若是被說「沒禮貌」則完全無須在意。就放寬心胸接受，把這種批評當成時代的差異吧。

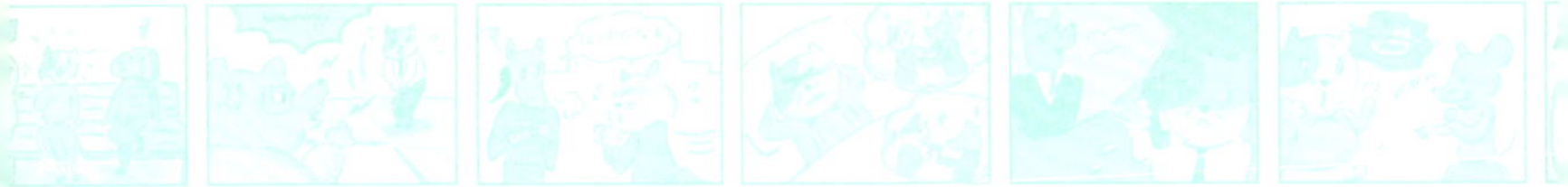

B型
告訴自己要果斷放下，無論自己多麼苦惱，都無須去在意對方根本不在意的事

在各位的人生當中，應該也有過一些非常受傷的經歷吧？例如，被另一半說：「你真的很不懂別人的心情耶～」被朋友說：「你總是這麼沒心沒肺，不會顧慮別人呢～」被主管說：「現在就連小學生都不會犯那種錯！」之類的，應該也有一些事情讓你耿耿於懷吧。

遇到上述這些情況，就算再怎麼努力地讓自己「不要去想」、「趕快忘掉，著手進行眼前的工作」，依然會忍不住想起來，陷入煩惱與痛苦的情緒。

不只是「別人對自己說過的話」，「別人對自己做過的事」有時候也會一直留在心裡，揮之不去。

遭到無視、在ＬＩＮＥ群組裡被敷衍了事因而大受打擊、討厭在聚餐時一直被調侃，還被人用力拍肩膀，諸如此類。不知道對方有沒有惡意，但通常都只有遭受這種對待的那一方會耿耿於懷。

不過這種情況下，那個「做了什麼」的一方往往根本不在意，甚至完全沒放在心上。我們感到非常受傷、非常介意，然而對方卻覺得「我完全沒那個意思」，甚至會說：「有這回事嗎？」這種完全不記得的情況也不算罕見。

自己在意得不得了，對方卻完全沒放在心上，想想還真是可笑。雖然我想大家還是會忍不住在意，但至少先理解**「這很有可能不是什麼值得在意的事」**，對你的心理健康應該比較有幫助。

另外，我也很推薦大家**試著把過去的自己當成完全不同的另一個人看待**。例如「那時候的自己確實很常遲到～」、「那一天的自己好像被狠狠罵了一頓，真可憐～」、「那時候的自己會蹺課跑到頂樓吃冰，難怪會有人看不順眼～」，用旁觀者的角度看待這些事，應該就不會過於糾結了吧。

我常把人生當小說看待，把自己視為「當時的主角」。因為是小說的主角，而相信即使經歷痛苦，未來也會回收伏筆，並因過去的經驗帶來正面影響。

用客觀一點的角度看待自己的人生，與自己拉開距離，或許也是個不錯的方法。

C型

藉由接觸、感受、專注於「此時此地」，把深陷於過去的意識拉回當下

各位知道正念（mindfulness）這個概念嗎？

大部分的東大生都擁有優秀的記憶力，所以很容易想起過去的事，並為之感到悲傷或痛苦。這種時候，許多東大生都會運用正念的手法來解決。

所謂的正念，就是想著「對已經過去的事感到後悔、對還沒發生的事感到恐懼都是無謂的」，並把意識放在「此時此地」。藉由這麼做，來正視現在這個狀態下的自己，把認真過好每一天視為最重要的事。

說到底，之所以會想起過去的事，都是因為意識沒有聚焦於「當下」，而是聚焦於過去。

反過來說，只要讓意識回到「此時此地」，情緒就會平靜下來。

具體來說，先意識到自己現在所觸碰的東西吧。如果你坐在電腦前，就去感受觸碰鍵盤的感覺；如果你坐在椅子上，就想想椅子坐起來的感覺，設法讓自己意識到「現在觸碰的東西」。摸起來是什麼感覺？是冷是熱？是粗糙還是光滑……？

像這樣在自己腦中描寫觸覺。如此一來，停留在過去的意識就會回到現在。用現在覆蓋過去，就可以專注於當下，回想起往事的頻率應該也會減少。

順帶一提，「CARPE DIEM」這個由我擔任代表來編寫本書的團體名稱，其實是拉丁文的「活在當下」。我是懷著希望能讓更多人享受當下的心意，決定使用這個名

字的。

我認為當下是最重要的。既不是過去，也不是未來，一定要活在當下。讓意識聚焦於當下，活在當下。這是最重要的。

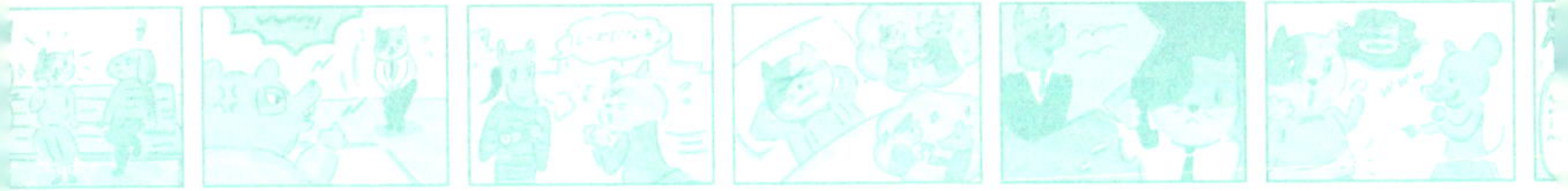

D型

把過去讓自己痛苦的自己當成別人，從今天開始脫胎換骨，成為全新的自己

大家知道《意外的幸運籤》這本小說嗎？它是森繪都的長篇小說，在東大生之間很受歡迎，雖然是二十多年前的作品，但至今仍膾炙人口。

這部小說講述了「主角的靈魂在天使引導之下，進入一個自殺身亡的國中生體內，暫時作為那個人生活」的故事。主角要想辦法用別人的身分生活下去，並與各式各樣的角色交流。

接下來要說的事情會劇透，不過看到故事尾聲就會知道，其實主角就是那個自殺的人物本人，只是失去了記憶而已。

他本以為自己在過別人的人生，然而根本不是這樣，原來這就是他自己的人生。

因為主角之前一直以為自己在過別人的人生，此時他開始擔心以前覺得沒問題的事情，將來會不會出問題。而某個角色告訴他，感到痛苦的時候，只要跟之前一樣，當作自己在過別人的人生就好了。

會提到這部作品，是因為我認為只要用這部作品的態度生活就好了。想起過去的自己並因此感到痛苦時，只要把過去的自己當成別人即可。以事不關己的態度活下去就好。

實際上當然不可能這樣，過去會影響現在的自己。不過，只要忘掉那些過去，成為全新的自己就好了。去嘗試看看以前沒做過的事情，或是與自己的興趣完全不同的事情吧。

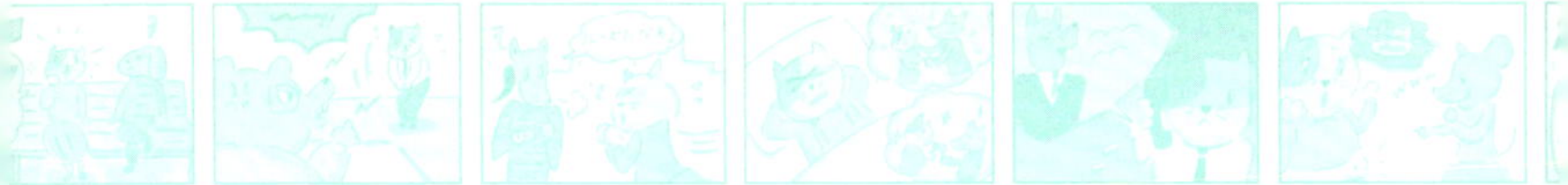

舉例來說，可以故意去做自己討厭的事、走沒走過的路、接觸沒嘗試過的嗜好之類的。只要去做會被別人說「你以前不是這種人吧？」的事情即可。

藉此有意識地斬斷過去的自己與現在的自己之間的連結。如此一來，你就會慢慢產生「我和過去的自己已經不一樣了」的感覺。

事後才對自己的發言感到不安與後悔，擔心「當時那麼說可能不太好」

例如這種情況……

聊天時不小心提起前男友。當天與男朋友分別時，他看起來心情不太好，開始後悔地想，是不是因為自己提了前男友的事。

為了幫助正在找工作的朋友，而給了對方一些建議，但態度好像太高高在上了……覺得很懊悔。

被工作上的問題搞得很煩躁，不小心兇了試圖幫忙的同事。

東大控制術

針對不同狀況精心設計對應的「範本」，每當停滯不前時，就套用該範本

根據不同狀況設計出一套個人規則，也就是「範本」。有了範本後，之後只要套用就行了！每次因為煩惱而停滯不前時，就套用範本，讓自己歸零。

A型 立刻鄭重道歉

B型 個別連絡當事人，進行善後

C型 採用正向表達

D型 決定煩惱的範圍

A型

只要自己心裡有點介意或後悔，就鄭重道歉，或是養成先道歉的習慣

只要是人，就沒辦法完全理解別人會因為什麼事感到不悅。即使如此，只要覺得對方有可能感到任何一點不悅，就立刻聯繫對方道歉，就算顯得太鄭重也無妨。

我們每天都會接觸到很多人。據說如果加上只是點頭示意的人，每個人每天平均都會接觸到超過一百個人。

在這樣的情況下，有一件事看似理所當然，但務必要小心留意，那就是，同一句話聽在不同人的耳裡，可能會帶來完全不同的感受。

就算自己沒有想那麼多，對方也可能會一直惦記於心，最後形成強烈的怨念，我看過很多人因此鬧僵。有時候，自己無心的一句話，可能讓對方覺得刺耳並耿耿於懷。

遇到這種情況時，要反省自己說出了可能讓對感到不悅的話，並在發現的當下立刻道歉。

不合時宜的打哈哈態度會造成反效果。加上「這個時代就是這樣嘛～」、「被當時在場的其他人講了～」之類的藉口也會造成反效果，讓別人覺得你根本沒有在反省。只要心裡感到有點抱歉，就放下自尊心，誠心誠意地道歉。透過文字也能看出你的道歉是否真誠。而這個行動應該會為你帶來下一個機會。

如果很在意的話，我想先養成道歉的習慣也不錯。也就是說：「上次我說了那樣的話，真是抱歉！」光是這麼做，自己心裡就會輕鬆許多。雖然對方通常會回道：

「沒事的！我沒放在心上！」但其實我們根本無從得知對方是不是真的「沒放在心上」。我想無論是誰，就算原本有點介意，在收到道歉後大概都會說自己「沒放在心上」吧。道歉這個行為的力量就是如此強大。

大家可能會覺得這很正常，但這件事是有在腦科學實驗中得到證明的。相較於「已經道歉的對象」，人們在面對「不道歉的對象」時產生的怒氣明顯更能活化掌管情緒的大腦部位——杏仁核的一部分。

反之，對於「已經道歉的對象」的憤怒則不會持續太久。

因此，在意的話就道歉吧。只要做到這件小事，應該就能改變很多事情。

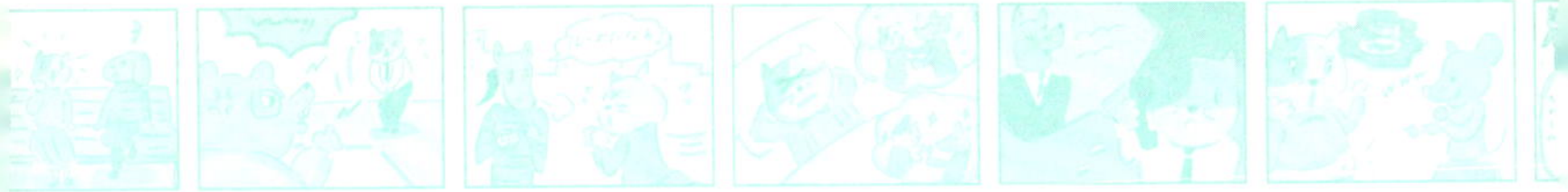

B型

若是對自己的言行感到懊悔，不要置之不理，坦率地個別連絡當事人，進行補救

人類是有感情的生物，所以難免會對過去的言行耿耿於懷。想起自己過去發下的豪語，就羞愧到想把臉埋進枕頭，如果是這種程度，還算無傷大雅……但如果自己的言論可能侮辱、傷害到他人，自我厭惡的感覺就會愈來愈強烈。不過，我認為若只讓這種煩悶的心情停留在自省階段，就太可惜了。

ＭＩＯＲＩ小姐採用的方法是，只要冷靜回顧自己過去的言行後，認為最好向對方道歉或補充說明，就坦率地去個別聯繫當事人。

只要不是太過分的事情，對方應該都不會怒火中燒，或者誤以為我們帶有惡意。在這種情況下，如果我們還特地回顧、察覺對方的狀況，對方應該不會覺得反感吧。意外的是，在多數情況下，對方會回：「你是這麼想的嗎？我完全不覺得有什麼！」

當對方其實對我們的言行感到不悅且耿耿於懷，但沒有表現出來的時候，這樣的行為也能達到滅火的效果。受到侮辱時燃起的怒火往往不會被滅掉，而是以看不出來的程度持續小規模燃燒，一直殘留在對方內心的一角。隨著時間經過，它也有可能會演變成熊熊烈焰，引發巨大的災難。因此我才會建議，即使不知道對方有沒有放在心上，**只要覺得自己的發言有問題，就要採取補救措施，不要置之不理**。小心謹慎地往不確定是否有火苗在燃燒的草叢潑水，可以杜絕後患。

有一件事希望大家不要誤解，我們「並不是非道歉不可」。就算不說「對不起」，也可以補充說明，向對方解釋：「當時的那句話可能聽起來像是那個意思，但其實是這樣的。」大部分的人際關係問題都肇因於溝通不足。有時候就是因為缺乏溝通，才會產生誤解，造成問題。因此，聯繫當事人並進行溝通，可以解決很多問題。

此外，不管有沒有連絡對方，事後都要下定決心「以後要注意別再說出這種話」，在內心的「最好不要說（不要做）的事情清單」添上一筆。「說這種話會讓氣氛變得有點尷尬，又多了個研究案例，太好了！」若是各位能抱著這種心態看待就好了。

C型

採用每個人都有權表達意見與要求的正向表達，遇到難以向對方開口的事，就以自己當主詞

平木典子的《正向表達入門（アサーション入門，暫譯）》是一本在東大生之間很受歡迎的書。這本書是一個經營新創企業的東大校友推薦我看的。

正向表達究竟是什麼呢？它指的是，基於「每個人都有權表達自己的意見或要求」之概念，在尊重對方意見的同時也表達自己意見的溝通模型。

不能表達自己的意見是錯誤的，不讓對方表達意見的溝通也是錯誤的。我們需要的是，在表達自己意見的同時也尊重對方的溝通。

本書會在這個前提下，提供如何實現這種溝通的完整範本。

有這種煩惱的人可以試著採用正向表達。會在對話過程中感到莫名的煩悶，是因為你在思考自己的意見會不會傷害到對方，或是擔心對方是不是無法表達意見。也就是說，只要在對方容易表達意見的情境下對話，或是採用正確表達自己意見的訓練／模型就好了。

正向表達有各式各樣的技巧。其中有一個「用『自己』當主詞會比較容易表達感情」的我訊息（I—message）概念，舉例來說，「你為什麼遲到！」這種說法可能會傷到別人，改說「我為你的遲到感到難過」，別人會比較容易接納你的意見。

我有一個企業家前輩說，他徹底執行了談話時一定要連背景資訊一起講這件事，結果公司內部的溝通就變順暢了。這也是一種正向表達的技巧，而決定一定要連同

「講這些話的理由」一併說明之後，「為什麼非得跟我說這些」這種意見便不再出現，別人反而開始表示「謝謝你跟我說」。這只是一個簡單的小技巧，隔天應該就能馬上開始應用吧。

另外還有一個技巧，就是「拒絕對方的提議時，要一併提出替代方案」。拒絕別人的時候不要說「我那天沒空，抱歉！」，改說「我那天沒空，但是另一天有空！」，感覺對話確實會進行得更順利。《正向表達入門》這本書裡介紹了很多這種明天馬上就能用的對話模型，請各位務必一讀，並試著運用「正向表達」！

D型

設定能明確判斷發言內容是否正確的「基準」，決定值得煩惱與不值得煩惱的範圍

你認為「這種發言是否不太恰當？」的事情，在某些情況下有可能是沒問題的。

這是什麼意思呢？就是指有明確理由的情況。

假設有小朋友在玩火，父母發現後大罵：「很危險耶！」無論小朋友再怎麼表現出反彈或害怕的樣子，這件事也具備「因為玩火很危險，必須讓小朋友確實理解」的理由，所以父母這麼做可說是相當正確的行為。

只要有理由，就算這件事稍微有點令人介意，通常也都不會有問題。當然，你自己可能會覺得悶悶不樂，但是周遭的人肯定會理解你，對方也會體諒你。

反過來說，如果沒有理由就大聲怒吼，或是說出自己聽了也會不高興的話，那就該反省。我認為你必須立刻去向對方道歉。

想想是否有理由，有的話就沒關係，沒有的話就去道歉。事先設定明確的基準，以後就不用這麼擔心了。

不限於這個煩惱，東大生都會像這樣為煩惱設定基準，藉此解決煩惱。「下定決心／停止煩惱」的英文是「determine」，意思是確實決定「term（原義是「範圍」）」。換句話說，**下定決心就是決定煩惱範圍的行為**。

正因如此，**我們才能夠藉由設定基準，來決定「不要煩惱這之後的事」，讓煩惱變得具體並減少煩惱**。

有些東大生在做習題的時候，會設定這樣的基準——「如果五分鐘還想不出答案，就代表自己答不出這一題，去看答案或問人吧」。也有人採用同樣的方式，以時間設定基準——「一天只能花十分鐘煩惱人際關係！」。也可以限制煩惱的時間，限定範圍，決定「超過晚上十點就不能想工作的事」。

請各位像這樣有意識地定出明確的基準吧！

總是很在意別人隨口對自己說的一句話……這種雞毛蒜皮的小事

例如這種情況……

私生活

特地穿了新衣服赴約，對方卻驚訝地說：「你今天和平常不一樣耶……」讓自己忍不住覺得，是不是平常那樣比較好。

朋友

被人說：「○○有點胖耶。」雖然知道對方只是在開玩笑，還是很受打擊，耿耿於懷。

工作

委派工作時，對方笑著說：「○○的案子每次都很不好做呢。」

東大控制術

要具備能夠自行判斷是否該接納別人批評的「眼光」

要把別人的批評當作成長的機會嗎？還是只是那個人個性難相處而已？要先具備判斷的「眼光」，如果是後者，不僅不用生氣，反而還要同情對方。

A型 把別人的批評視為成長的機會

B型 讓別人幫自己認定對方是壞人

C型 以同情代替生氣

D型 一整天完全斷絕人際關係

A型

別忘記感謝批評自己的人，把批評當作成長的機會。在此前提下暫時全盤接受，思考改善方法

暫時全盤接受別人的批評或許不失為一個好方法。你之所以會在意，有可能是因為「那句話切中要害，才讓自己感到煩悶與糾結」。

不管內容是什麼，對方指出的事實都是存在的。換句話說，「想告訴這個人××，讓他改掉這一點」這個鐵一般的事實是存在的。也就是說，接納這個事實本身，也許會讓人產生「為什麼會受到這種批評」的自我反省。各位可以試著把受到批評這件事，當成幫助自己成長的機會。

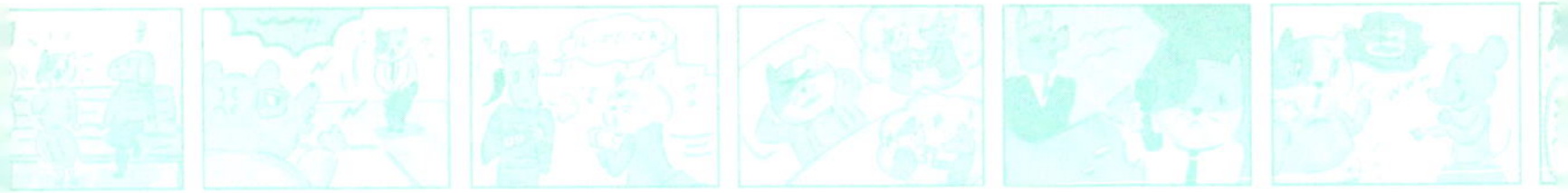

當然，聽到別人的批評會感到火大。我理解。

不過，我們可以把經驗豐富的人所說的話當成一種建議，好好利用。

我也常常受到別人的批評。曾經有人對我說：「西岡同學每次被罵的時候都沒什麼反應，看起來態度有點差，建議你改一下。」這個批評讓我很是驚訝。因為我根本不覺得自己的態度差。我猜是因為被罵的時候，我都會在心裡不斷思考「要怎麼改善、為什麼會發生這次的失誤」等等，不怎麼說話，看在旁人眼中，我這個樣子就像在生悶氣，態度不佳吧。

然而，這時候反駁「我不是態度不好」是沒有意義的。因為在別人眼中我看起來態度不好，是無庸置疑的事實。

因此我認真思考，下次遇到這種情況要怎麼做才不會讓別人覺得我態度不好，並進行了改善。我想「可能是對方要我回應的時候，我的表情看起來有點不高興的關係

吧」，於是決定「以後要擺出更乖巧的表情，並好好看著對方的眼睛」，用這種方式處理自己的弱點。

這件事乍看之下似乎沒什麼，但是要與別人順暢溝通的話，這其實非常重要，而且虛心接納批評，會讓別人覺得你是一個「會接納別人意見的人」。

假設你在這種情況下表示拒絕，露骨地表現出「我沒錯，所以我不會改」的態度，可能會讓人覺得「跟你說什麼都沒用」。你可能覺得，這樣別人就不會對你嘮嘮叨叨了，但同時你也失去了改善自己無法察覺的缺點的機會。

說到底，提醒別人改善缺點這件事，只要該缺點不會影響到出言提醒的人，做這件事對他來說就沒有任何好處。即便如此，身邊還是有人願意出言提醒，這是一件非常幸福的事。比起購買昂貴的自我啟發書，自己尋找該改善的部分，各位不覺得有人主動告訴自己該改善哪個部分，更加值得感激嗎？不妨抱著這種心態，聽聽看對方的意見吧。

B型

如果是對方性格惡劣，就找人談談，請別人幫你認定對方＝壞人，或是理智看待神經大條的對象×心思細膩的自己，暫時放下

推薦給B型人的方法和A型完全相反，是讓自己「不要在意」的方法。

在漫長的人生當中，遭到別人強烈指責的情況應該不大常見。然而有時候，別人無心的一句話可能會慢慢侵蝕我們的內心，讓我們耿耿於懷。

例如，男朋友說：「○○每次都吃得比我快耶～」朋友說：「你太瘦了啦，多吃一點比較好吧？衣服都變得鬆垮垮了。」主管說：「你一個人負責這個工作太辛苦了，去找同部門的人幫忙吧，加油！」諸如此類……這些發言可以解讀為有惡意，也可以

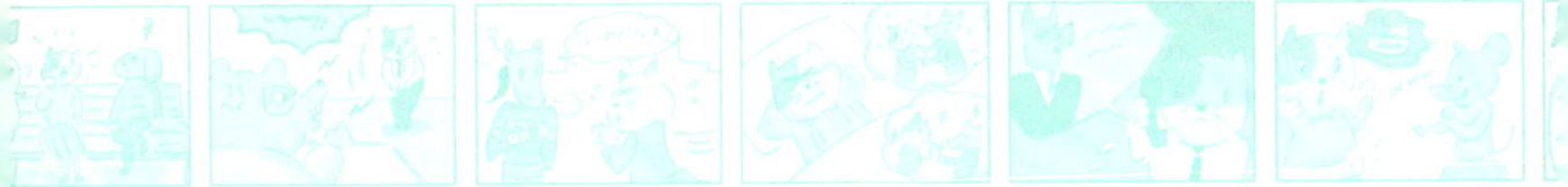

解讀為沒有惡意。即使這些話語對某些人來說沒什麼大不了，但有人會懷疑這些話語另有所指也不奇怪。比如「女生吃飯最好慢一點」、「這件衣服不適合你」、「你能力不足，所以沒辦法把工作交給你」之類的……有時候，這些事情會對積極面對人生的態度和自信造成負面影響，奪走你的自我肯定感。

這種對別人說的話耿耿於懷的情況，大家應該也經歷過不少吧。就算只是簡單的一句話，有時候也會感到受傷，難以釋懷。

不過，MIORI小姐在遇到這種情況時，都會假設「對方應該沒有惡意」。

如果對方沒有惡意，那不是我們過度解讀、過於敏感，就是對方雖無惡意但神經大條，也有可能兩者皆是。把這個情況視為「因為自己心思敏感所以在某種程度上無可奈何×那個人神經大條又不體貼所以無可奈何」的組合，就能夠暫時放下。

反之，如果感覺對方有惡意，那純粹是對方性格惡劣而已，（只要不是自己做了

什麼非常過分的事，）我們只有一條路可以走，就是不要把他的話當真。如果有必要，可以去找人聊聊，請別人幫你認定「是對方太過分了」。

此外，也可以稍微從自己正在被罵的感覺中抽離。舉例來說，有些東大生會對自己說「我是五歲小孩，所以聽不太懂」。這是一種藉由思考脫離現實的事情，來讓自己認為「不用認真聽對方說話」的方法。

無論如何，我們必須做的事情，應該是盡可能設法讓自己在與神經大條或強勢的人相處時保持一定的距離吧？

C型

把對方當成身邊圍著一群馬屁精的「裸體國王」，不要生氣，用憐憫的眼神看對方

希望此類型的人先理解一個前提，就是那些隨口說說的話，對方自己通常也不會放在心上。然而，如果那些話正好說中了自己的自卑之處，就會感到心情沮喪。比如說，現在依然經常聽到「身高矮」、「眼睛小」這種嘲笑身體部位的發言。說這些話的人應該根本沒放在心上吧。

因此我建議大家遇到這種情況時，把那個人當成身邊的人都不會責怪他發言不當的裸體國王，用憐憫的眼光看他。**不要對他生氣，試著用「憐憫」的心和他相處**。

魯汶天主教大學針對情緒進行研究後，得出了「**憐憫比憤怒更難維持**」的結果。他們調查腦波後發現，懷有憤怒的情緒時，杏仁核的反應時間較長，懷有憐憫情緒時的反應時間則較短。

放下憤怒，改為憐憫，會比較容易釋懷。我認為在大多數情況下，面對這種會出口傷人的人，無論用什麼方式溝通都不會順利。也就是說，十年以後，那個人不管進入哪個群體都會被討厭。

就先這麼想：「啊，這個人如果一直是這個樣子，以後人生一定會很不順遂吧。」用這種輕鬆的心態聽他說話就好了。

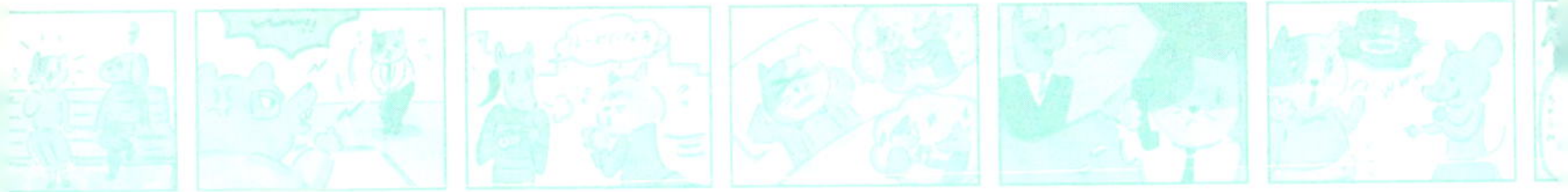

D型

感到疲憊就多休息，一整天關閉通訊設備，隔絕人際關係

問個唐突的問題，大家認為東大生讀書時有多專心呢？

大多數人可能會認為：「東大生應該可以不間斷地連續讀書三小時吧？」其實沒有這回事。很多人的專注力都頂多只能持續一小時，中間如果沒有休息十分鐘，就無法保持專注。

我想心思細膩的人通常都沒什麼在休息吧。忍不住去在意枝微末節的小事、擔心

一些無關緊要的事，這些狀況可能是你的身體有點疲憊的警訊。

心靈與身體是相通的。身體不適的時候，精神會出現異常；反之，精神痛苦的時候，身體也會出問題。

之前在P127也提過，最近的研究已經證明，人類的身體是與精神密切連結的。目前已經知道，當一個人的精神狀況不佳時，通常會先表現在身體上。東大生也知道這件事，所以即使身處備考期間，也會好好休息，而不是一味地讀書。

這件事非常簡單，為了排解壓力，請大家休息一下吧。過度擔心無關緊要的事情，肯定就是身體疲勞的證據。請安排兩天不要做任何事情。

我的建議是，一整天完全不碰手機等所有通訊設備。手機是連接人際關係的媒介。與人接觸會感到疲憊，讓你又開始擔心，因此要試著暫時切斷與別人的聯繫。別人聯繫不上你可能會擔心，不過只是一天斷絕聯繫，通常不會發生什麼問題。暫時無視一切人際關係，隔絕手機，甚至可能會有意外的發現。

最近還出現了數位排毒的概念，「隔絕手機」的效果逐漸得到證實。也有案例顯示，選擇一整天不接觸手機的人，接下來一個星期的專注力和工作表現都得到提升，請各位務必一試！

結語

各位覺得怎麼樣呢？

找到解決煩惱的線索了嗎？

當然，煩惱不是這麼簡單就能解決的東西，應該不可能光讀這本書，就解決人生中所有的煩惱。不過，還是希望大家能從中找到解決煩惱的線索，或是減少煩惱的時間。

本書的書名叫「感情コントロール術」，其意思是「控制情緒的方法」，而不是「被情緒控制」。

一名東大教授曾說過，「人性」總是表現在「試圖控制情緒的時候」。

我們有時候會陷入「受到情緒控制的狀態」，例如生氣到失控、緊張到無法思考之類的。在那一刻，我們表現出來的並非人性，而是獸性。

大家可能會想：「咦？感到憤怒或悲傷，流露激烈情緒的時候，不是更能看出那個人的本性嗎？」但是被情緒牽著鼻子走、跟隨感情行動，是獸性的反應。試圖壓抑情緒、思考該如何與情緒好好相處，才會展現出人性與人情味。

在試圖控制情緒的過程中，會展現出一個人的性格，以及個人魅力。

在被情緒控制的狀態下生活，做什麼都不會順利。

即使沒有幹勁，也要想辦法提升幹勁。

即使一肚子火，也要想辦法抑制怒氣。

即使感到煩躁，也要想辦法消除煩躁。

即使感到不安，也要想辦法消除不安，鼓起勇氣。

這種面對情緒、試圖努力控制情緒的時刻，就是最能體現出人性的瞬間。

在自己的人生中，我也曾帶著憤怒的情緒跟人說話，摧毀了一段人際關係。我想，如果那時候能夠抑制怒氣，結果應該會有所不同。

反之，我也有過快要被不安壓垮，但覺得付出的努力非常值得的時刻。正是因為當時的我克服了不安，才會有現在的我。

正是試圖控制情緒的努力，讓人成為了人。

因此我才會希望大家思考「與情緒相處的方法」。希望大家能好好利用這本書，擺脫「受到情緒控制的狀態」，學會自己控制情緒。

讀完這本《東大式感情コントロール術》，大家覺得怎麼樣？若是大家能順利學會控制情緒，那將是我最大的喜悅。

最後，我要感謝協助本書製作的各位東大生、在百忙之中為我們提供各種知識並製作B型回答的MIORI小姐、為本書進行了出色編輯的主婦之友社小川編輯，真的非常感謝大家！

西岡壹誠

参考文獻

Automaticity of Social Behavior: Direct Effects of Trait Construct and Stereotype Activation on Action
John A. Bargh, Mark Chen, Lara Burrows
Journal of Personality and Social Psychology 71(2), 1996

Sleep duration and affective reactivity to stressors and positive events in daily life
Nancy L. Sin , Jin H. Wen , Patrick Klaiber , Orfeu M. Buxton , David M. Almeida
Health Psychol 39(12), 2020

Which emotions last longest and why: The role of event importance and rumination
Philippe Verduyn, Saskia Lavrijsen
Motivation and Emotion 39(1), 2015

Laughter lowered the increase in postprandial blood glucose
Keiko Hayashi, Takashi Hayashi, Shizuko Iwanaga, Koichi Kawai, Hitoshi Ishii,
Shin'ichi Shoji, Kazuo Murakami
Diabetes Care 26(5), 2003

Emotional well-being predicts subsequent functional independence and survival
G. V. Ostir, K. S. Markides, S. A. Black, J. S. Goodwin
Journal of the American Geriatrics Society 48(5), 2000

Perceived level of life enjoyment and risks of cardiovascular disease incidence and mortality: the Japan public health center-based study
Kokoro Shirai, Hiroyasu Iso, Tetsuya Ohira, Ai Ikeda, Hiroyuki Noda, Kaori Honjo, Manami Inoue,
Shoichiro Tsugane, Japan Public Health Center-Based Study Group
Circulation 120(11), 2009

Positive and negative affect and risk of coronary heart disease: Whitehall II prospective cohort study
Hermann Nabi, Mika Kivimaki, Roberto De Vogli, Michael G. Marmot, Archana Singh-Manoux
BMJ 337(7660), 2008

Association between poor psychosocial conditions and diabetic nephropathy in Japanese type 2 diabetes patients: A cross-sectional study
Hiroyo Ninomiya, Naoto Katakami, Taka-Aki Matsuoka, Mitsuyoshi Takahara, Hitoshi Nishizawa,
Norikazu Maeda, Michio Otsuki, Akihisa Imagawa, Hiroyasu Iso, Tetsuya Ohira, Iichiro Shimomura
Journal of Diabetes Investigation 9(1), 2018

好人≠耗人
從內耗中抽身的東大情緒整理

出　　版／楓葉社文化事業有限公司
地　　址／新北市板橋區信義路163巷3號10樓
郵政劃撥／19907596　楓書坊文化出版社
網　　址／www.maplebook.com.tw
電　　話／02-2957-6096
傳　　真／02-2957-6435
作　　者／東大CARPE DIEM
翻　　譯／王綺
責任編輯／黃穫容
內文排版／洪浩剛
港澳經銷／泛華發行代理有限公司
定　　價／420元
初版日期／2025年7月

國家圖書館出版品預行編目資料

好人≠耗人：從內耗中抽身的東大情緒整理 / 東大CARPE DIEM作；王綺譯. -- 初版. -- 新北市：楓葉社文化事業有限公司, 2025.07 面；公分

ISBN 978-986-370-818-6（平裝）

1. 情緒管理 2. 自我實現 3. 生活指導

176.5　　114007275

●作者簡介

東大CARPE DIEM

由西岡壹誠擔任代表，於2020年成立。以西岡為首，集結了眾多「逆轉上榜」的現役東大生，為了教育界改革而展開活動。除了負責漫畫《東大特訓班2》（講談社）的編輯業務外，還針對超過300名東大生進行調查，孕育出許多劃時代的學習法。此外，以名為「真實版東大特訓班計畫」的教育計畫為中心，於全國超過20所學校舉辦工作坊和演講。每年傳授超過1000名學生學習法。

●監修簡介

西岡壹誠

生於1996年。在偏差值35的狀態下立志考上東大，從當屆起，連續落榜了3年。靠著破釜沉舟時開發的學習法，讓偏差值提升到70，在東大模擬考拿到全國第4名的成績，最後考上東大。為了將其中的知識技巧分享給全國的學生和學校老師，2020年還在學的時候便成立了CARPE DIEM股份有限公司（http://carpe-diem.jp/），並就任代表。在全國高中實施「真實版東大特訓班計畫」，針對高中生指導思考法和學習法，也為教師提供指導法之諮詢。在電視節目《100%!アピールちゃん》（TBS）輔助藝人小倉優子備考早稻田大學。此外，也經營YouTube頻道「東大特訓班【官方頻道】（ドラゴン桜【公式チャンネル】）」，與約1萬名訂閱者分享學習的樂趣。著作《「読む力」と「地頭力」がいっきに身につく 東大読書》、《「伝える力」と「地頭力」がいっきに身につく 東大読書》（東洋經濟新報社）、《東大生的強者思維特訓課》（商周出版）系列大為暢銷，累積銷量已超過40萬本。

編輯協力／みおりん
設計／山口さなえ
插畫／AYART MART
責任編輯／小川唯（主婦の友社）